東京近郊 愛犬と楽しむ とっておきのおでかけスポット案内

愛犬とおでかけ編集室 著

Mates-Publishing

INTRODUCTION

さて、
今日はどこに行こうか？

わんちゃんは分かっています。
平日の家族はお仕事や学校で忙しいことを、
だから、休日は、みんなと一緒にいられる時間がうれしくて、
甘えてべったりだったり、お出かけの気配にそわそわしたり……。

そんなわんちゃんの気持ちに応えてあげませんか。
今日は面倒なことは全部忘れて、愛犬とリフレッシュ！
いつもの散歩コースではなく、旅行ってほど大げさではなく、
たとえ、クルマを持っていなくても大丈夫。
公共交通機関を利用して気軽に行ける気持ちのいいスポットや、
日帰りで遊びに行ける楽しい施設などをご紹介します。

日々の暮らしをとっておきのひとときにしてくれる、愛犬。
楽しいことがいっぱいあればあるほど、明日もまたがんばれます。
さあ、わんちゃんともっといっぱい
見て、走って、食べて、笑って、
一緒にハッピーを探しに出かけましょう！

CONTENTS

本書について ●本書で紹介している記事・情報・データなどは、2023年3月現在のものです。

43

BURGERS

PART 1

愛犬と一度は訪れたい!
ゆったりと過ごすならココ

愛犬と一度は行ってみたかったあの場所、あのレストラン。
気軽に行ける、わんちゃんにフレンドリーなスポットを紹介。
のんびりとリラックスする1日を楽しみましょう。

Go Out 1　東京都港区 芝公園

東京ど真ん中のパワースポットで愛犬と運気をチャージしよう

芝公園は豊かな自然とエネルギーに満ちている魅力的なエリア。
清らかな気持ちでお散歩ができること間違いなしのスポット。

強力な勝運と厄除けパワーを授かりに行こう

増上寺（ぞうじょうじ）

徳川幕府の要のお寺！

ACCESS

東京都港区芝公園4-7-35　☎03-3432-1431
都営地下鉄三田線「御成門」駅（A1）、「芝公園」駅（A4）から徒歩3分、都営地下鉄浅草線・大江戸線「大門」駅（A6）から徒歩5分。参拝時間6:00～17:30　㊡無休

桜がきれいな西向入口。西向聖観世音菩薩を配置。

増上寺の顔、正門の三解脱門。江戸初期の建築様式は見どころ大。

400年前に建設された門は、日本で最古の木造建築物。

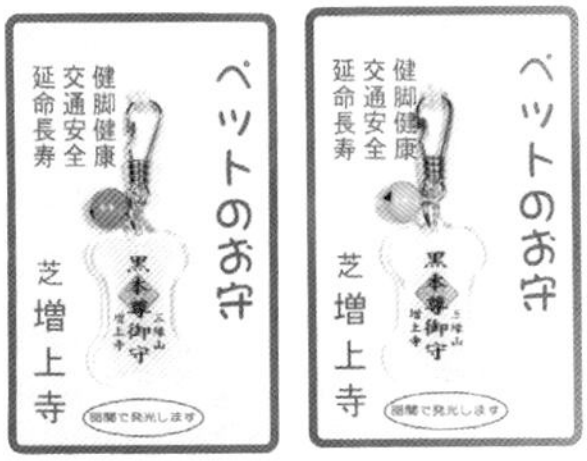

暗いところでは光る仕様に。ペットのお守 各500円。

愛犬の健康と長寿を願って国指定重要文化財も見どころ

港区という東京の中心に位置し、背景には東京タワーがそびえ立つ「増上寺」。約６００年の歴史をもち、徳川家の菩提寺《ぼだいじ》である境内には６人の将軍が眠っています。

家康公は、増上寺の黒本尊《くろほんぞん》と呼ばれる阿弥陀如来《あみだにょらい》を深く崇拝。その御加護により度重なる危難を逃れ、勝利を得たことから、「勝運」をもたらすとして江戸の人々に信仰され、今でも増上寺は、勝運・災厄除けを願う最強のパワースポットなのです。

ペット用にも、健脚健康、延命長寿の願いを込めたお守りをいただけます。広い境内では、四季折々の花が楽しめ、春には約２００本の桜が開花。その眺めは、ため息が出るほどの美しさです。

東京タワーファンには見逃せない憩いの場

芝公園(区立)

こんな写真も
撮れちゃう!

東京タワーの全体像を間近に見られる!

Dog's MENU

わんこも自由に
ボール遊びOK

平坦で見通しがよく、犬を遊ばせやすい芝生広場。

江戸時代、芝公園は増上寺の敷地でしたが、明治時代に開放され、日本で最初の公園となりました。公園は都立と区立に分かれていて、なかでも区立 芝公園内では、どこからでも東京タワーが望めます。その迫力に感動もひとしお。中央広場でわんちゃんを遊ばせたり、ランチをしたり、東京タワーを背景に写真を撮ったりなど楽しみ方はいろいろ。増上寺の勝運と東京タワーの上昇運をダブルで感じられるスポット!

バラのアーチから見える東京タワー。

奥の花壇では四季折々の花を鑑賞できる。

ACCESS

東京都港区芝公園4-8-4　☎080-9811-1659
●都営地下鉄三田線「芝公園」駅(A4)から徒歩3分、
都営地下鉄浅草線・大江戸線「大門」駅(A6)から徒歩10分。
常時開園／公園管理事務所9:00～17:00　㈷年末年始
＊園内で犬(補助犬を除く)の散歩の際は、リードを外さない、長く伸ばさない、糞尿をさせない、した場合は残さないなどの社会的ルールや公共のマナーを厳守。

元米大統領も食べた絶品ハンバーガー

MUNCH'S BURGER SHACK（マンチズバーガー シャック）

大人気！ 自家製ベーコンチーズバーガー 1,700円。

自家製フライドポテトセット。

自家製フライドチキン 2P 750円。

持ち帰って、公園で食べるのもいい。

お水をサービスのとき、わんちゃんの頭なでなでサービスも！

店名の「マンチズ」とは、〝やみつき〟という意のスラング。肉に徹底的にこだわった独特の食感と風味豊かなパティは、肉好きの心を鷲づかみにする美味しさ。肉は指定工場から取り寄せた質の高いアンガスUSビーフの赤身肉を使用。機械は使わず包丁でチョップするやり方で、つなぎもなし。食感を最大限に引き出した味は、拍手を送りたくなります。わんちゃんには、塩・こしょうなしのパティを頼んでご一緒に。

愛犬と一度は訪れたい！ ゆったりと過ごすならココ

ACCESS

東京都港区芝2-26-1 i.smartビル1F・2F ☎03-6435-3166
都営地下鉄三田線「三田」駅（A9）から徒歩5分、「芝公園」駅（A1）から徒歩4分。
㊖ランチ11：00〜14：30 L.O（土15:30）、ディナー 17：30〜20：00 L.O日・祝日11：00〜15：30 L.O ㊡月曜日

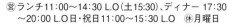

Go Out 2　東京都渋谷区 代々木・富ヶ谷

何もしない贅沢な1日を!
今日は愛犬とまったり過ごそう

公園の周辺はグルメが豊富。昼間はテイクアウトをしてピクニックをしたり、
美味しいコーヒーを飲んだり、夜はごちそうディナーに舌鼓。

大都会の森林公園で大きな空を見よう

代々木公園

広い大空の下でのんびり!

Dog's MENU

ドッグランあり
中央広場
ケヤキ並木
「わんわんカーニバル」年1回開催

ACCESS

東京都渋谷区代々木神園町2　☎03-3469-6081（代々木公園サービスセンター）
● JR山手線「原宿」駅（西口）から徒歩3分、東京メトロ千代田線「代々木公園」駅（4）から徒歩3分、東京メトロ副都心線「明治神宮前」〈原宿〉駅（2）から徒歩3分、小田急線「代々木八幡」駅（南口）から徒歩6分。開放時間:10月16日～4月30日5:00～17:00　5月1日～10月15日5:00～20:00　㊡無休

64種・約700株のバラが楽しめる。見頃は5月と10月。

ドッグランは、超小型犬エリア、小・中型犬エリア、中・大型犬エリアの3つの区画に。

まるで綿雪が降り積もったような純白のハナミズキ。

噴水の高さは15〜30メートルにおよぶ。水回路もあり、水環境も充実。

ピクニック、散策、ドッグラン 愛犬ファーストでのんびり

東京23区の都立公園の中で、5番目の広さをもつ「代々木公園」。真ん中にある中央広場は、渋谷にあるというのに大きな空を感じられる大都会のオアシス。ピクニックにも絶好のスポットです。その周りは高い樹林に囲まれているので、まるで森の中にいるような感覚になります。緑豊かな環境にわんちゃんも本能が刺激されてか元気いっぱい！

ドッグランは都内最大級の広さを誇ります。登録制のため、サービスセンター窓口に、鑑札とその年度の狂犬病予防注射済票の現物（写真やコピーは不可）を提示して登録証の手続きを。登録日から利用できます。ドッグラン内では、飼い主が登録証を首から下げることがルール。

珈琲職人のセンスが生み出す絶品の一杯

ROSTRO(ロストロ)

テラス席OK

大型犬テラス席OK

テイクアウトOK

サービスなんて最高だワン

なんと、ヨーグルト水をサービス!

朝8時から営業。モーニングを食べに行くのもいい。

愛情たっぷり。カフェラテ450円。

代々木公園近くの路地に佇む、上質なコーヒーを提供する「ロストロ」。〝世界で一番熱い珈琲店〟とうたう魅力的な言葉と、昭和のエッセンスがちょっぴりあるコンセプトで人々を引き寄せています。豆の焙煎を研究し尽くしたその味は、とにかく美味しくて、スタッフはフレンドリーでとても居心地がいい。テラス席はわんちゃん連れも大歓迎で、ペットへのサービスも満点。代々木公園に来たらぜひ立ち寄りたいお店です。

スタッフがなでなでしてくれる。

つくる工程を眺めながら待つのが楽しい。

ACCESS

東京都渋谷区富ヶ谷1-14-20 サウスピア1F

☎03-5452-1450

●東京メトロ千代田線「代々木公園」駅(2)から徒歩3分、小田急線「代々木八幡」駅(南口)から徒歩5分。

㊇STAND ROSTRO 8:00〜20:00(火8:00〜17:30) ㊡不定休

相棒と箸が止まらない極上のローストビーフを

Saxe Bleu Diner(サックス ブルー ダイナー)

店内OK　犬用メニューあり　大型犬OK

閑静な住宅街にあり、店内も落ち着いた雰囲気。

厚切り、超厚切り、超々厚切りもチョイスできる。薄切り120g 2,400円。

今夜は〝食べる!〟と決めて、相棒とレストランで思いきりディナーを楽しもう。そんな気分にぴったりなのが、最高級のプライムリブが楽しめる「サックスブルーダイナー」。

リブロースを低温で長時間じっくりと焼き上げ、桜色に色づいた肉はジューシーで噛めば噛むほどに旨味が広がります。わんちゃんには、通常提供している肉に塩やスパイスを使わず調理したローストビーフがオーダー可。大満足の内容です。

立山櫻薫製ベーコンとポルチーニ茸のクリームパスタ 1,280円。

ACCESS

東京都渋谷区富ヶ谷2-9-13　☎03-5738-7740(要予約)
●東京メトロ千代田線「代々木公園」駅(1)、小田急線「代々木八幡」駅(南口)から徒歩8分。㊫ランチ12:00～14:00 L.O ディナー 18:00～22:30 L.O　㊡火曜日

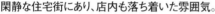

Go Out 3 東京都新宿区 西新宿

特別な体験でもてなされる ラグジュアリーな1日を

ニューヨークスタイルのホテルステイを優雅に満喫。
忘れがたい思い出が残る一日を楽しもう。
大都会でありながら近くでお散歩ができる利便性も魅力。

リュクスなペットフレンドリーホテルで食事を

Kimpton Shinjuku Tokyo（キンプトン新宿東京）

店内OK

大型犬OK

犬用メニューあり

テイクアウトOK

ほかでは味わえない非日常感を！

ACCESS

東京都新宿区西新宿3-4-7
JR総武線・山手線・中央線「新宿」駅（すべて南口）から徒歩12分、都営地下鉄大江戸線「都庁前」駅（A4）から徒歩8分。1F ザ・ジョーンズ カフェ&バー☎03-6258-1111（予約不可）。㈼7:00～22:00（フード21:00 L.O・ワインバー17:00～21:00L.O） ㈪無休。2F ディストリクト ブラッスリー・バー・ラウンジ☎03-6258-1414（予約可） ㈼7:00～23:00（フード21:00 L.O・ドリンク22:00 L.O） ㈪無休

スタッフとわんちゃんトークに盛り上がることも。

NYスタイルの食事が楽しめる「ザ・ジョーンズ カフェ&バー」。

ウキウキするわん！

家族のようにもてなしてくれる贅沢なくつろぎの時間を

ペットにフレンドリーなホテル「キンプトン新宿東京」。相棒と気軽に立ち寄れるのが、エントランスを入ってすぐ左手にある「ザ・ジョーンズ カフェ＆バー」。天井が高く、ゆったりとしたソファ席はわんちゃんも飼い主ものんびりできます。

２階にあるレストラン「ディストリクト ブラッスリー・バー・ラウンジ」。店内はモダンで、テラス席はバカンス気分に浸れるリラックスしたひとときが過ごせます。五感を刺激するクリエィティブな美しいメニューが揃い、わんちゃん用メニューも充実。どちらのお店もクリーニング仕立ての清潔な犬用マットの貸し出しサービスが気持ちがよく、特別感のある時間に大満足。

2階にある「ディストリクト ブラッスリー・バー・ラウンジ」。

屋内と屋外を選べるのがグッド。

右からサーモンと野菜のクスクス1,100円、鹿肉のハンバーグ1,100円、サラダチキンのシーザース風1,100円（サービス料15%別）。

見るたびに笑顔になる一生の宝もの

and site（アンド サイト）

飼い主とラブリーなシーンを。

わずかな期間のパピー顔は宝ものに。

大型犬OK
要予約
今日は女優だワン！

おすすめ、初回限定撮影プラン10カット 11,000円。

小顔にお願いします〜

友だち同士で撮る写真も素敵な思い出に。

思い出に残る愛犬の写真をプロのフォトグラファーに依頼してみませんか。ペット専用フォトスタジオ「アンドサイト」は、自然光が差し込む日当たりがいいスタジオ。自由に動き回れる空間で、わんちゃんとリラックスして撮影が楽しめます。

専用フォームに予約をして、撮影当日は簡単なカウンセリングを。撮影後は、スタッフと一緒に写真をセレクト。レタッチを入れた完成度の高い写真が2週間後に届きます！

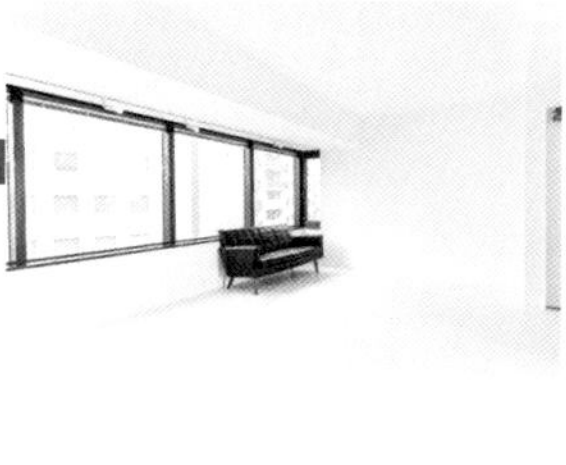

ACCESS

東京都新宿区西新宿3-9-1 西新宿ティーオービル7F
●都営地下鉄大江戸線「都庁前」駅（A4）から徒歩12分、京王新線「初台」駅（東口）から徒歩8分、小田急線「参宮橋」駅（西口）から徒歩12分。㋖土・日・祝日11：00〜17：00

東京ビューを眺めながらリラックス

新宿中央公園

愛犬と一度は訪れたい！ ゆったりと過ごすならココ

Dog's MENU

園内カフェ
（テラス席OK）
むさしの森Diner
新宿中央公園店
スターバックスコーヒー
新宿中央公園
SHUKNOVA店

都会と自然が融合した、美景の「芝生広場」。

東京都庁やそびえ立つ高層ビルの中に位置する「新宿中央公園」。再整備後、新しくなった景観は、わんちゃんにも魅力的な公園へと進化。ビル群の近未来感と豊かな緑が融合する特別な空間は、ほかにはないスケールを味わえます。複合施設、「シュクノバ」1階のENGAWA TERRACEは、わんちゃん同伴で利用可能。自然に囲まれながら、新宿副都心の景色を見渡せる〝THE東京〟の眺望を楽しんで。

子供から大人までにぎわう「水の広場」。

「区民の森」では花々が楽しめる。

涼しげな「新宿ナイアガラの滝」。

お散歩の後は、カフェがある複合施設「シュクノバ」へ。

ACCESS

東京都新宿区西新宿2-11　☎03-3342-4509
●都営地下鉄大江戸線「都庁前」駅（A5）から徒歩1分、東京メトロ丸の内線「西新宿」駅（C7）から徒歩5分。
常時開園／公園管理事務所9：00～17：00　㊡無休

Go Out 4　東京都港区 表参道・外苑前

週末は、朝イチから
愛犬とからだにいいことをしよう!

週末は早起きをして、愛犬とマルシェに出かけてみよう。
昼も夜も野菜をモリモリ食べて、からだにいい１日を。

幸せな気持ちになるごちそう食材がいっぱい
青山ファーマーズマーケット

ACCESS

Farmers Market@UNU 青山ファーマーズマーケット開催場所
東京都渋谷区神宮前5-53-70　青山・国際連合大学前広場
●東京メトロ銀座線・千代田線・半蔵門線「表参道」駅(B2)から徒歩5分、JR山手線「渋谷」駅(東口・宮益坂口)から徒歩10分。
開催日／土・日10:00〜16:00

マルシェに行くぞ
えっさほいさ♪

農家からキッチンカーまで多数出店。

おやつも
あるワン！

地元のわんちゃん連れの人も多く、人とかわいい動物たちでにぎわっている。

1日でも早く家族に出会うことを応援

保護動物のアダプションイベントを開催しているのは、200を超える動物保護団体と提携している「Do One Good」。定期的に開催することで、幅広いニーズに対応する出会いの場になるよう力を注いでいる。一般的な譲渡のステップは申請をして、団体スタッフと面会を。審査後、トライアルを経てから晴れて家族に。

当日会場に来られない犬・猫ちゃんたちは、ポスターで紹介も。

つくり手に話を聞いたり、試食をしながらショッピング

〝WE ARE WHAT WE EAT〟というコンセプトで、毎週末開催されているFarmers Market @UNU。丹精込めて育てられた新鮮な野菜や果物、パン、スイーツなどが全国各地から集結。生産者と直接話をしながら購入できます。からだにいい食材を理解して楽しむお買い物は、有意義な時間です。

また毎月第1・3日曜日（土曜日の場合あり）には、保護犬や猫のアダプションイベントを開催しています。「保護活動に興味がある」「譲渡会に行ってみたい」という方にご提案！　オープンな雰囲気なので気軽に足を運んで、会いに行ってみては。

週末は、朝イチから愛犬と元気に素敵な1日をスタートさせましょう。

ビタミンをしっかりとって腸内もきれいに

Mr.FARMER（ミスターファーマー）表参道店

リフレッシュクレンズ 800円。

ファーマーズ コブ 単品 1,690円。

アップルマンゴーやココナッツミルク、シナモンなどをブレンド。アップリフト800円。

のどが乾いたら、スムージーを飲もう！　野菜やナッツ、果物をドリンク状にしたスムージーは、ビタミンや食物繊維を効率的に摂取できるスペシャルドリンク。全国各地の契約農家から届くこだわりの野菜を使用したフレッシュな料理やドリンクを提供する「ミスターファーマー」。なかでも野菜と果物たっぷりの色鮮やかなベジタブルスムージーは、爽快で元気が出る美味しさ。ぜひとも相棒と立ち寄りたいお店です。

ウッディが気持ちいいテラス席。

アメリカ西海岸を思わせる内装。

ACCESS

東京都渋谷区神宮前4-5-12 セピア原宿1F
☎03-5413-4215（予約可）
●東京メトロ銀座線・千代田線「表参道」駅（A2）から徒歩5分。㊋9:00～20:00（19:00 L.O）　㊡無休

味も香りも濃いオーガニック素材のごちそう料理

CITRON（シトロン）

愛犬と一度は訪れたい！ ゆったりと過ごすならココ

サラダにスープとパン付き。ランチセット1,490円。

デザートはToday'sを用意。710円～。

ドアを開けると〝ボンジュール〟と挨拶をしてくれるフランス人スタッフからの声かけに、気分はパリジャン！　厳選されたオーガニック素材を使った、ヘルシーでバランスの取れた料理を提供する「シトロン」。

色鮮やかな野菜からスーパーフード、卵、チーズまでこだわりが尽くされています。朝8時から営業はうれしい。朝のお散歩ついでに、絶品のスクランブルエッグが付いたフレンチスタイルのモーニングはいかが。

42席ある広々とした2階スペース。

1階で注文をしてから
2階の席へ。

愛犬家の
みんな
大歓迎！

ACCESS

東京都港区南青山2-27-21 セイリンビル1F・2F
☎03-6447-2556（予約可）
●東京メトロ銀座線「外苑前」駅（1A）から徒歩2分。
㊫8:00～21:00（20:30 L.O）、土・日・祝日8:00～19:00（18:30 L.O）　㊡無休　Instagram @citron_tokyo

Go Out 5 東京都世田谷区 駒沢

思いっきり走った後は、今日は昼飲み！夜は相棒とイタリアンを楽しもう

広々とした緑いっぱいの自然豊かな公園は思わず走りたくなる！
心ゆくまで遊ばせた後は、公園からすぐ行ける美味しいお店でくつろごう。

活気にあふれていて元気がもらえるパーク

駒沢オリンピック公園

Dog's MENU

ドッグランあり

［園内カフェ］
（テラス席OK）

Mr. FARMER
駒沢オリンピック公園店

愛犬家の聖地！

ACCESS

東京都世田谷区駒沢公園1-1 ☎03-3421-6431
●東急田園都市線「駒沢大学」駅（駒沢公園口）から徒歩12分。
常時開園／公園管理所9:00～17:00 ㊡無休
Mr. FARMER 駒沢オリンピック公園店 ☎03-5432-7062（予約可）
㊝7:00～20:00（19:00 L.O） ㊡無休

お花見
サイコーです！
道の両側から桜が張り出す情景は圧巻。

足洗い場も
あるよ
ドッグラン利用の際は登録証の携帯を。公園管理所でその年度の狂犬病予防注射済票（原本）を提示して手続きを。

駒沢公園口から徒歩1分。新鮮な野菜料理を提供。ファーマーズコブ 単品1,690円／Mr. FARMER 駒沢オリンピック公園店。

サッカーの試合
は燃える〜！
テニスから野球、サッカーまでアスリートでいっぱい！ サッカー観戦ができるここのベンチはベスポジ。

マイナスイオンを浴びながら緑陰の中を走ってみよう

１９６４年、東京五輪の第2会場であったことをその名に残す「駒沢オリンピック公園」。右ページの白い塔は、中央広場の北側にあるオリンピック記念塔で、わんちゃんの背景にすればこんなダイナミックなショットも。さまざまな競技場があるので、スポーツ観戦をするのもこの公園ならではのお楽しみのひとつ。園内は、けやきをはじめとした大樹が茂る緑豊かな環境で、芝生広場でピクニックをしたり、樹々が周回するジョギングコースを愛犬と走ったりなど、自然を感じながら一日中楽しめます。手入れが行き届いた四季折々の植物は、見ているだけでリフレッシュ。思わず写真を撮りたくなる映えスポット満載です。

世界各国から取り寄せたレアなビールがずらり

THE FORTY-NINERS CLUB(ザ フォーティナイナーズ クラブ)

大型モニターで観戦できるのが楽しい。

柴ビール発見!
わんダブル

感動! 柴犬デザインのクラフトビール【Brewski Doge】330ml缶 1,000円。

アパレル商品なども販売。

レアなクラフトビールとナチュールワインが楽しめるカフェバー。提供されるのは、主に８種の樽生クラフトビールと１００種に近い瓶・缶のクラフトビール。ライフスタイルブランド「ＴＦＷ４９」が手がける店内の奥では、アパレルや雑貨なども販売。ＮＹのパブをイメージしたオープンでカジュアルな空間で、スポーツに歓声を上げながら愛犬を連れて飲めるビールの味は、格別!昼飲みにも最適なうれしいお店です。

選りすぐりの樽生クラフトビールを提供。

こだわりの食材を使用したオリジナルバーガーなどのフードも豊富。

ACCESS

東京都世田谷区駒沢4-16-18 FLAT駒沢B1F
☎03-6450-8925(予約可)
●田園都市線、駒沢大学駅から徒歩9分。㊔12:00〜23:00(料理22:00 L.O ドリンク22:30 L.O) ㊡無休

地元の人たちに愛されている隠れ家的イタリアン

SLOW FOOD CAFE SMILE（スローフードカフェスマイル）

小型犬5匹、大型犬2匹までOK。予約をしたほうがベター。

あらびきミートソースパスタほか。スマイルテイクアウトセット 2人前 3,300円。

塩やスパイスを使わずに仕上げた天然酵母のパン。自家製パン 1本110円。

駒沢公園の路地に佇むイタリアン、「スローフードカフェスマイル」。パスタやキッシュ、リゾットなど安定の美味しさに加え、スパイシーなカレーも絶品。店内は広く、横並びの2人用ソファ席や向かい合わせのテーブル席などさまざまで、段差を設けたつくりは、わんちゃん同士の距離を上手に考えられた窮屈感がない空間。わんちゃんメニューは自家製パンをはじめ、ささみとブロッコリーを使った料理など数々提供。

愛犬と一度は訪れたい！ ゆったりと過ごすならココ

ACCESS

東京都世田谷区駒沢2-18-4　☎03-3412-7525（予約可）
●東急田園都市線「駒沢大学」駅（駒沢公園口）から徒歩9分。
㋲11：00～22：00 L.O　㋡水曜日
Instagram @slow_food_cafe_smile

Go Out 6　東京都中央区 日本橋

新旧の街物語が入り混じる粋な日本橋を相棒と散策

下町情緒が息づく日本橋。人形町・浜町エリアは
神社や個性的なカフェ、ドッグランなどが揃っている憩いのスポット。

家族の健康祈願をして、子宝いぬ像を見よう

水天宮

ACCESS

東京都中央区日本橋蛎殻町2-4-1　☎03-3666-7195
●東京メトロ半蔵門線「水天宮前」駅(5)から徒歩1分、東京メトロ日比谷線「人形町」駅(A2)から徒歩6分、都営地下鉄浅草線「人形町」駅(A3)より徒歩8分。参拝時間／7:00〜18:00　㊡無休

入り口の提灯。コンクリートの壁と調和してモダンな空間を魅せる。

子宝いぬ像。安産、子授け、無事成長などのご利益が。

寶生辨財天（ほうしょうべんざいてん）。財福のご神徳を願って。

まず、入り口に立つ、口を開けて前足で玉を守る狛犬様に一礼。

最寄り駅からすぐという気軽に行けるアクセス

２０１６年に改装された、安産や子宝の神様として名高い神社「水天宮」。歴史と近代化が融合する街のスピリットを感じに出かけませんか。境内でわんちゃんを歩かせることは禁止なので、カートに入れるか抱きかかえて階段から入り、マナーを守って参拝しましょう。

　境内には、「子宝いぬ」と名付けられた母子犬の像があります。母子犬の頭をなでると安産になると言われているため、その頭はピカピカ。また、像の回りには十二支の玉が配されていて、自分の干支の玉をなでると安産や子供の守護などのご利益があるそう。家族と愛犬の健康を願い、お守りを授かりにお参りしてみてはいかが。

〝隠れ家〞と言いたくなる！ 絶景ドッグラン

浜町公園 わんわん広場

人工芝だから足が汚れないのが◎。

Dog's MENU

人工芝
ボール遊びOK
（野球ボールより大きいもの、柔らかいもの）

小型犬エリアとフリーエリアの2区画に分かれている。

飼い主が休憩できるベンチも設置。

水辺を歩くお散歩はサイコー!

日が落ちた後も
照明で明るい。

隅田川沿いを走る首都高速道路の高架下に位置する「浜町公園 わんわん広場」。日陰で多少の雨も防げるため、暑い日や天気が悪い日などもわんちゃんを遊ばせられるのが魅力。ドッグランには人工芝が敷かれており、滑りにくいつくりになっています。事前登録の手続きなどは不要。マナーをきちんと守れば誰でも利用できます。ボール遊びも可。夕刻の隅田川をまたぐ新大橋がライトアップされた姿も必見です。

ACCESS

東京都中央区日本橋浜町3-43先 ☎03-3546-5435
●都営地下鉄新宿線「浜町」駅（A2）から徒歩10分。
㊔7:00〜20:30　土・日・祝日15:30〜20:30　㊡無休

美味しいドリップコーヒーでほっとひと息

Hama House（ハマハウス）

1階と2階部分が吹き抜けに。本は購入も可能。

わんちゃん歓迎、ドッグフレンドリー。

4種のデリを日替わりで

食べ応え満点。デリプレート1,100円。

ご飯は雑穀米。あいがけカレー1,100円〜。

ふわふわ! スキレットパンケーキ1,200円。

街並みの散策を楽しんだ後は、カフェで相棒とひと休みを。おすすめなのが天高約5メートルの開放的な空間が心地いい「ハマハウス」。全面ガラス張りの明るい店内の壁一面には本がずらり。総数、約１０００冊もの本が美しく並べられた光景は感動的。選んだ本を読みながらコーヒーやビールを飲めば、まるで秘密基地にいるような気分。野菜たっぷりでお腹も大満足なワンプレートのランチは絶品です。ぜひご一緒に。

愛犬と一度は訪れたい！ ゆったりと過ごすならココ

ACCESS

東京都中央区日本橋浜町3-10-6 1F Books & Cafe
☎03-6661-7084（予約可）
●都営地下鉄新宿線「浜町」駅（A2）から徒歩10分。
㊋11:30〜21:00（20:00 L.O） 土・日・祝日11:00〜19:00（18:00 L.O） ㊡不定休

Go Out 7 神奈川県鎌倉市・藤沢市

江ノ電での〜んびり!
ローカルに愛されているスポットへ

鎌倉の住宅街や海沿いを走る見晴らしのいいレトロ電車、江ノ電。
ローカル気分満々で、愛犬と海風を感じながら湘南を散策しよう。

料理、空間、雑貨類、すべてにときめく

GARDEN HOUSE Kamakura（ガーデンハウス カマクラ）

ACCESS

神奈川県鎌倉市御成町15-46　☎050-3184-0360（予約可）
●JR横須賀線・JR湘南新宿ライン・江ノ島電鉄線「鎌倉」駅（西口）から徒歩3分。㋖モーニング9:00〜10:30、ランチ11:00〜15:00、カフェ15:00〜17:00、ディナー17:00〜21:00（20:00 LO）　㊡不定休

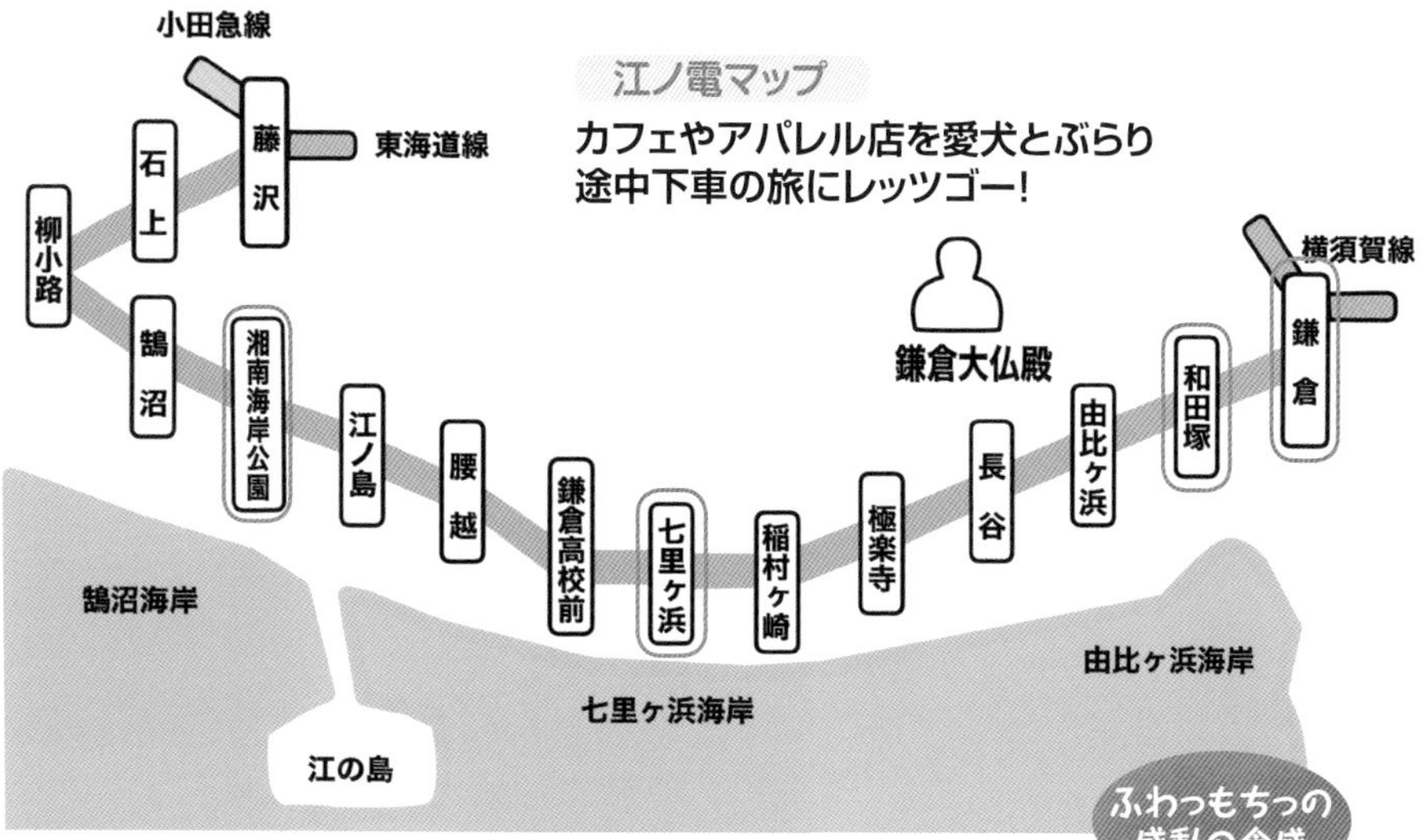

カフェやアパレル店を愛犬とぶらり
途中下車の旅にレッツゴー！

テラス席は64席。広々として落ち着いて食事が楽しめる。

バナナ&ウォルナッツ 1,350円。

厚切り鎌倉ハムステーキ 2800円。

食べて、見て、センスあふれるセレクションを体感

鎌倉駅から近い場所にあるレストラン。緑あふれる入り口の先に佇むのは、築50年の美しい一軒家。テラス席はわんちゃんも入店可能。地元で獲れた魚や野菜を使った季節ごとのスタイリッシュな料理は、ローカルの人たちの胃袋も虜に。店内の一角にショップを構え、ヘルスコンシャスなライフスタイルグッズや多国籍カルチャーの雑貨などを販売。なかでも、愛犬家に注目されている全米で確固たる人気のドッグブランド、「ファウンド・マイ・アニマル」は要チェック。マリンロープをモチーフにした、ハンドメイドのおしゃれで実用的なリードや首輪などを取り揃えており、ぜひ足を運びたくなるお店です。

湘南の海を見下ろせる素晴らしいロケーション

bills（ビルズ） 七里ヶ浜

アボカドトースト-フレッシュコリアンダーとライム添え1,450円。©Anson Smart

七里ヶ浜が「bills」日本1号店。©Petrina Timslay

リコッタパンケーキ-フレッシュバナナ、ハニーコームバター1,900円。©Anson Smart

テラス席で波音を聞きながら、目の前に広がる湘南の海と空を感じていただく食事は、至福の時間。海外の有名誌で〝世界一の卵料理〟と評され、多くのセレブたちが絶賛した「bills」のスクランブルエッグ。新鮮な卵を贅沢に使用したふわふわの食感が魅力です。アボカドトーストは、新鮮なアボカドを贅沢に使い、風味豊かなコリアンダーをふんだんに盛り付けて、ライムを絞っていただく、爽やかな味は絶品です。

開放的な店内は、落ち着いた雰囲気で居心地がいい。
©Petrina Timslay

ACCESS

神奈川県鎌倉市七里ガ浜1-1-1
WEEKEND HOUSE ALLEY2F　☎0467-39-2244（予約可）
●江ノ島電鉄線「七里ヶ浜」駅から徒歩2分。
㊚月曜日7:00～17:00（料理16:00 ドリンク16:30 L.O）火～日曜日7:00～ 21:00（料理20:00 ドリンク 20:30 L.O）
㉁不定休

潮風を感じながらお散歩が楽しめる絶好スポット

湘南海岸公園

Dog's MENU
芝生広場
潮風の広場
ヤシと芝生広場
海岸通路
砂浜
園内カフェ
（テラス席OK）
カフェテリア

カリフォルニアの海岸のようでフォトジェニック。

一年中、サーファーでにぎわっている。

7月に咲くひまわりは一見の価値あり。

江の島と海岸が一望できる憩いの場。

藤沢市の片瀬海岸から鵠沼海岸に沿って約2キロメートルにわたり海沿いに広がる「湘南海岸公園」。広々とした芝生広場では、海の風と空を感じながら愛犬を思いっきり遊ばせることができます。海岸に面しているため砂浜にも自由に行き来できるのがうれしい。サーフビレッジにあるカフェテリアのテラス席は、わんちゃんと一緒に食事を楽しめます。海やきれいな景色を眺めながら食事や、芝遊びと砂浜遊びを楽しんで！

愛犬と一度は訪れたい！ゆったりと過ごすならココ

潮風を感じながらの
散策はサイコー。

ACCESS

神奈川県藤沢市鵠沼海岸1-17-3　☎0466-34-9912
江ノ島電鉄線「湘南海岸公園」駅から徒歩10分、小田急江ノ島線「鵠沼海岸」駅から徒歩10分。
常時開放／サーフビレッジの営業時間は右記QRコードまで
㊡無休

長く付き合うのが楽しいアイテムが揃っている

BN20F（ベネバン）

タビちゃん&DJ君に会えるかも…。

センスのよさを感じさせる什器やインテリア。

2サイズあり
防水加工も!

バッグの底にはロゴをプリント。キャンバスバケツバッグ（大）16,500円。

コットン100%で
肌触りもサイコー

太ボーダーロングスリーブTシャツ 18,150円。

ブランド名はフランスの冒険家の愛車にちなんで「ベネバン」。ここは、ミュージシャン&アーティストとして活動するマーク・パンサーさんが手がけるお店。愉しい旅を発想のもとに展開するコンフォートなカットソーやリメイクアイテムがずらり。特にオリジナルのバッグがクール!

大の愛犬家であるマークさん。2匹の相棒、黒パグのタビちゃんと黒柴のDJ君との湘南の海散歩は、毎日の日課だそう。

ACCESS

神奈川鎌倉市小町1-4-25 2F
●JR横須賀線・JR湘南新宿ライン・江ノ島電鉄線「鎌倉」駅（東口）から徒歩1分。㊔11：00〜18：00　㊡不定休

絶対欲しい！ 何枚も集めたくなるTシャツ

4Rule kamakura（フォールール カマクラ）

夏まで待てない！ 海を感じるアイテムがいっぱい。

わんちゃんのお散歩用に！ 4Rule オリジナルキャンバス ランチバッグ4R 1,500円。

4Rule 100%オーガニックコットンTシャツ レッツゴービーチ 4,500円。

4 Rule×LOA DES/GN コラボ5'6oz ロンT ART Happy design 4,000円。

愛犬と一度は訪れたい！ ゆったりと過ごすならココ

オリジナルウェアを中心に、雑貨や子供服、ビーチクルーザーなどバラエティ豊かな品揃えのセレクトショップ「フォールールカマクラ」。Tシャツやスウェットなどはヴィンテージライクで大きめなシルエット。洗うほどに出てくる味わいが魅力です。楽しいところには、自然と人が集まるもの！ サーフィン歴40年のオーナー高尾さんのお店は、常にアスリートや地元の人たちでいっぱい。笑顔あふれる素敵な空間です。

相棒はミニピンのミント君！

ACCESS

神奈川県鎌倉市由比ガ浜2-5-22 ☎0467-53-9944
江ノ島電鉄「和田塚」駅から徒歩4分。
㊝10:30〜19:30 ㊡不定休

Go Out 8　埼玉県所沢市

見るだけでもワクワク 飛行機と一緒に写真を撮ろう

旅行の予定は立っていない？　なら、飛行機を見にお出かけしよう。
のんびり過ごした後は、旅気分で愛犬とグルメを食べ歩こう。

飛行機が身近な遊び場に！ 滑走路は花壇として整備

所沢航空記念公園

Dog's MENU

ドッグランあり
ボール遊びOK
［園内カフェ］
（テラス席OK）
エコトコ
ファーマーズカフェ

ACCESS

埼玉県所沢市並木1-13　☎04-2998-4388
西武新宿線「航空公園」駅（東口）から徒歩1分。
常時開放　公園管理事務所9:00～17:00　㊡不定休

フリーマーケットは、放送塔南側通路で毎月2回開催。

春は約500本の桜の木が咲き誇り、息を飲むような絶景を一望できる。

落葉広葉樹から花まで見応え抜群。

植物は、大勢のボランティアの協力で自主管理がされている。

全長約60メートルある広いドッグラン。

自由に飛行機の撮影が楽しめる特別スポット

日本初の飛行場として整備された所沢飛行場の跡地にある、広域な敷地の「所沢航空記念公園」。公園のシンボル的存在なのが、右ページに写っている飛行機「C-46」の展示です。第二次世界大戦中は軍用輸送機としても使用されたという本物。公園の上空は、近くの自衛隊基地に飛来する飛行機の航路になっているため、空を飛ぶ機体を眺めるのもワクワクします。

公園の東側にあるドッグランは、利用登録などの手続きは不要。１年以内に狂犬病予防接種を受けていれば、誰でも無料で利用できます。毎月２回開催される、最大約２００店が出店する大規模なフリーマーケットも要チェックです。

わんちゃんに美味しい！ 楽しい！ うれしい！ 外食を

ITALIAN DOG CAFE NANA&HACHI（イタリアン ドッグ カフェ ナナ&ハチ）

あっぱれカラフル！ ビスケット200円。

安定の味。小海老のグラタン1,100円。

数量限定 特製オムライス1,300円。

本日のトマトスパゲティ
1,100円。

牛筋の煮込み300円（右）、おいものグラタン500円。

所沢航空記念公園のドッグランからほど近くにあるお店。イタリアンレストランで30年のキャリアを持つ、オーナーシェフが腕をふるう本格イタリアンが楽しめます。〝愛犬と一緒に外食を楽しんでもらいたい〟という強い思いから、わんちゃん用も鮮度や素材、手間などすべて惜しまず、スペシャルな料理を提供。散歩帰りに立ち寄れば、人もわんちゃんも大満足で、今日一日を美味しく締めくくれそうです。

ACCESS

埼玉県所沢市若松町827-1-102 ☎04-2968-4449（予約可）
●西武新宿線「航空公園」駅（東口）から徒歩19分。
㋲11:30～19:00（22:00まで可） ㊡不定休

平日は24時まで営業！ お酒もゆっくり飲める

docca（ドッカ）

テーブル、カウンター席のほか、ソファも5席あり。

全席にリードフックが付いている。

所沢航空公園沿いの国道４６３号線、南東の角の横断歩道を渡ってすぐにあるドッグカフェ「ドッカ」。パスタやカレー、ふわとろ卵のオムライスなどのカフェメニューは種類が豊富です。ペットにとてもフレンドリーな接客で、お水やトイレシートも用意。Instagramで＃doccaをつけて投稿すると、来店時にわんちゃん用のマフィンまたはクッキーのサービスも。座席数は35席で大型犬も入れる広いスペースがうれしい。

愛犬と一度は訪れたい！ ゆったりと過ごすならココ

塩・砂糖不使用の犬用マフィン。

濃厚チーズクリーム
パスタ1,210円。

ACCESS

埼玉県所沢市東新井町256-1 ☎04-2996-0244
西武新宿線「航空公園」駅（西口）から徒歩15分。
㊔火～金ランチ11:00～17:00 ディナー18:00～24:00
土10:00～24:00 日10:00～18:00 ＊土・日・祝日12:00～15:00は予約不可 ㊡月曜日、祝日営業・振替火曜日

Go Out 9 神奈川県横浜市 みなとみらい・桜木町

お誕生日や記念日は、お肉をお腹いっぱい食べよう!

特別な日はごちそうを食べたいもの。それはわんちゃんも同じ。
お腹がいっぱいになったら美しい公園へ散策に出かけよう。

テーブル席で愛犬と一緒に本格焼肉を堪能

焼肉うしすけ みなとみらい店

ACCESS

神奈川県横浜市中区新港1-3-1 MARINE & WALK YOKOHAMA 2F
☎045-264-8329（予約可・個室あり）
●YOKOHAMA-AIR-CABIN「運河パーク」駅から徒歩5分、みなとみらい線「馬車道」駅（6）から徒歩9分。㊧11:00〜22:00（ランチ14:30 L.O　ディナー21:00 L.O）㊡無休

人気！ ドギーズプレート1,848円。

上から、小型犬におすすめ。牛たんのパウムース550円、かわいい骨型に。わんぱくバーグ638円、低カロリーに。親子キッシュ550円。

特選の、厚切り極上タン、和牛カルビ、和牛ロース、和牛中落ちが楽しめる。PREMIUMセット7,678円など。

記念日にはぜひ！ 無添加の国産牛赤身肉にジャガイモのクリームをトッピング。お肉のバースデーケーキ2178円（要予約）。

席の間隔がゆったりで わんちゃんたちも安心

わんちゃんにもいろいろなところで食事を楽しんで欲しいと言う「焼肉うしすけ」。東京近郊で全9店舗を展開している肉料理専門店です。

なかでも「みなとみらい店」は、2022年7月、ベイサイドにある愛犬と一緒に利用できるお店が多いショッピング施設「マリンアンドウォークヨコハマ」内にオープン。

ここは、食後もわんちゃんと楽しめることから愛犬家たちに注目されているエリアです。メニューを見ると、わんちゃん用も驚くほどハイレベル。見た目もおしゃれで可愛らしい。全席リードフック付きで、お水のサービスやマットも貸してくれます。仲間と多頭で行く場合はお店に連絡を。

海を見渡せる絶景の公園がたくさん

みなとみらい21・山下公園

Dog's MENU

芝生広場
潮入りの池
階段状護岸

やわらかくて
走りやすいわん!

天然芝がきれいに整った美しい環境。

みなとみらい21 臨港パーク

映えスポットの
錨(いかり)!

水際をのんびりと歩く散歩は
至福の時間。

ACCESS

臨港パーク
神奈川県横浜市西区みなとみらい1-1-1　☎045-221-2155
●みなとみらい線「みなとみらい」駅(4)から徒歩5分。
常時開園　㊡無休

360度広がる絶景がどこでも楽しめる素敵なスポット

海辺に広がる「臨港パーク」。開放的な芝生から、ベイブリッジや横浜港が眺められる抜群のロケーションです。歴史的景観を残す「横浜赤レンガ倉庫」2号館には、犬同伴で利用できるレストランが充実。食事を楽しんだ後は、隣接する芝生広場の「赤レンガパーク」へ。海に面した眺めにくつろぎましょう。

横浜といえば「山下公園」。氷川丸の向かいにある「未来のバラ園」はぜひ訪れて。約160種類・1900株のバラが咲き誇る空間で、愛犬と絵画のような記念撮影を。春は桜木町駅から横浜ランドマークタワー、パシフィコ横浜へと続く「さくら通り」がおすすめ。約100本が連なる桜並木は圧巻です！

山下公園

ACCESS

山下公園「未来のバラ園」
神奈川県横浜市中区山下町279　☎045-671-3648
●みなとみらい線「元町」・「中華街」駅（4）から徒歩3分。常時開放　㊡無休
＊春バラ5月中旬〜6月初旬
秋バラ10月中旬〜11月初旬

バラ園で相棒とフォトジェニックな写真を。

みなとみらい21 横浜赤レンガ倉庫

ACCESS

横浜赤レンガ倉庫
神奈川県横浜市中区新港1-1
☎045-227-2002（2号館）
●みなとみらい線「馬車道」・「日本大通り」駅（6）から徒歩6分。常時開放　カフェ・レストラン11:00〜20:00
＊営業時間・㊡は、各店舗に準ずる

夜のライトアップを楽しむのもいい。

みなとみらい21 みなとみらい さくら通り

ACCESS

みなとみらい さくら通り
神奈川県横浜市西区みなとみらい2-3-5
●みなとみらい線「みなとみらい」駅（5）から徒歩1分
JR京浜東北・根岸線「桜木町」駅（東口）を出て直進。
常時開放。
＊見頃3月下旬〜4月上旬

春は沿道に桜が咲き誇り、冬はイルミネーションで彩られる。

Go Out 10 東京都千代田区 市ヶ谷・飯田橋

江戸時代の歴史に想いを馳せながら ゆったりと歩いてリフレッシュ

歴史が色濃く残る公園から、徳川家の信仰が深い神社、かつて花街だった情緒ある路地裏まで。趣深い街散策をしながら美味しいものを食べよう。

森林浴をしながら重要文化財の史跡巡りも
北の丸公園

Dog's MENU
大型犬OK
芝生広場
落葉樹林
常緑樹林

江戸城の遺構を歩こう!

ACCESS

東京都千代田区北の丸公園1-1 ☎03-3211-7878（環境省皇居外苑管理事務所北の丸分室）
●都営地下鉄新宿線「九段下」駅（2）から徒歩5分、東京メトロ東西線・半蔵門線「九段下」駅（2）から徒歩5分、東西線「竹橋」駅（1a）から徒歩5分。常時開園／窓口営業時間8:30～17:00 ㊡無休
＊園内で犬（補助犬を除く）の散歩の際は、リードを外さない・長く伸ばさない、無駄吠えさせない、糞尿をさせない・した場合は残さないなどの社会的ルールや公共のマナーを厳守。

春は、山桜、ソメイヨシノ、大島桜が咲き誇る。画像提供:北の丸公園

ふかふかの落ち葉の上のお散歩は
わんちゃんにはたまらないエリア。

お濠の池は、カルガモやトンボたちの格好の生息地に。
画像提供:北の丸公園

〝大きな玉ねぎ〟の愛称の擬宝珠(ぎぼし)がのった「武道館」も見える。

樹林に包まれた散策路や小川など見どころたくさん

環境省が管理する国民公園のひとつである、「北の丸公園」。〝北の丸〟とは、江戸城の北側の区画で、徳川三代将軍家光の時代には、三男長松や家光の乳母、春日局《かすがのつぼね》の屋敷が置かれていた歴史的な遺構です。

右ページに写っているのは公園の入り口で、二重構造が優美な「田安門」。1636年に再建され、国の重要文化財になっています。

園内は、隣接する皇居との一体性を持った、景観が美しい森林公園。多くの野鳥や昆虫が生息しており、手入れされた広々とした芝生ではヨガやピクニックを楽しむ姿も。ドッグランはありませんが、わんちゃん連れの人も多く、交流を楽しむ愛犬家たちでにぎわっています。

愛犬を家族のように扱う素晴らしい神社

市谷亀岡八幡宮（いちがやかめがおかはちまんぐう）

ACCESS

東京都新宿区市谷八幡町15番地　☎03-3260-1868
　JR総武線・東京メトロ有楽町線・都営地下鉄新宿線すべて「市ヶ谷」駅（4）から徒歩5分。常時開放／本殿開扉時間5:00〜17:00　㊡無休

わん健祈願は
本殿で!

ペットのご祈祷3匹で初穂料5,000円～。要予約。

世界でひとつの
オンリーわん

飼い主と愛犬の名前、祈願主旨を刻んだ、希少なペットの彫り札お守り。携帯のストラップに。初穂料2,000円～。

眼が健康で
ありますように

境内社は3つあり、茶の木稲荷神社は眼病平癒に御利益が。

石段を上がって
運気をアップ!

神社に続く急な大階段が目印。境内はわんちゃんも自由に入れる。

愛する我がわんこの健康と幸せを祈って

創建から５４０年以上の歴史が続く徳川家ゆかりの神社「市谷亀岡八幡宮」。動物愛護を主旨とする〝生類憐みの令〟を発布した、徳川家五代将軍、綱吉の母、桂昌院から篤い信仰を受けたいわれがあり、そのつながりからペットを家族として迎え、儀礼を行う神聖な場所に。現在でも愛犬家たちにとっては犬の守り神です。ペットへの健康長寿や傷病平癒を願う祈祷のほか、初詣や七五三、亡き後の供養を行う慰霊祭なども執り行っています。新年のペット初詣では、約８００頭におよぶ犬連れの愛犬家たちが平安と無事を祈る参拝でにぎわったそう。お守りをはじめ、ケージやサークルにつける護符なども受けられます。

非日常感あふれる水辺のテラスでお出かけ気分満喫

CANAL CAFE（カナルカフェ）

好奇心を掻き立てるおしゃれなゲート。

目の前に広がる緑とゆらめく水面に癒やされる。

リゾートに来たような気分になれる。

デッキサイドは全席オープンテラス。

お堀の水辺で優雅に食事が楽しめる「カナルカフェ」。愛犬と同席できるのは、セルフスタイルのデッキサイド。開放感いっぱいの心地よい空間で、のんびりと過ごせます。事前予約は不可ですが、約300席ほどあり、いつでもスムーズに入れるのでご安心を。水面に近い席は、まるで水に浮いているような気分に。料理は薪窯で焼いたナポリピッツァやパスタなどのライトミール。春は絶景の桜、初夏はホタルが楽しめます。

本場ナポリの小麦粉を使ったモチモチの食感。

ACCESS

東京都新宿区神楽坂1-9
☎03-3260-8068（デッキサイド予約不可）
●JR総武線「飯田橋」駅（西口）、東京メトロ東西線「飯田橋」駅（B2a）から徒歩1分。
㊥月～土 11:30～22:00　日・祝日11:30～21:30　㊡不定休

選び抜かれたチーズに笑顔もとろける

神楽坂 ラクレット&フォンデュ フロマティック

石畳ガーデン席はわんちゃんOK。ランチセットは990円〜。

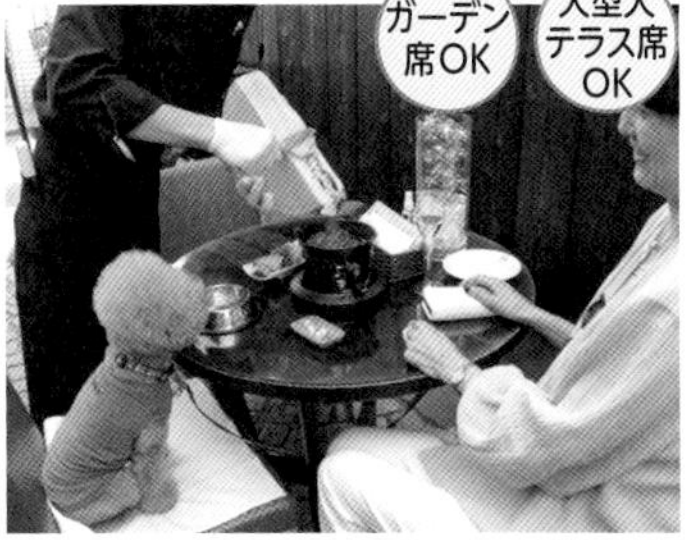

ラクレットチーズは目の前でかけてくれる。

大きなチーズにテンションアップ。

ハンバーグのラクレットチーズプレート 2,200円〜。

伝統の味。チーズフォンデュ 1,980円〜。

駅からほど近い場所にある一軒家のチーズ料理専門店「神楽坂ラクレット&フォンデュ フロマティック」。わんちゃんも歓迎で、路地裏や石畳、赤いサインなど、パリのようなカフェの雰囲気に心が躍ります。メイン料理は、白ワインで煮込んだチーズに、パンなどを絡めるチーズフォンデュと、溶かしたチーズを食材にかけて楽しむラクレット。チーズは、本場の味を再現するためにスイスから直輸入しているこだわりです。

愛犬と一度は訪れたい！ ゆったりと過ごすならココ

ACCESS

東京都新宿区神楽坂2-10-23 ☎03-3267-1717（予約可）
● JR総武線「飯田橋」駅（西口）、東京メトロ東西線「飯田橋」駅（B2a）から徒歩3分。(営) ランチ11:30〜15:00（14:00 L.O）ディナー17:30〜22:00（21:00 L.O） 土・日・祝日カフェ13:00〜17:30（L.Oなし） (休)無休

Go Out 11　埼玉県深谷市

ショッピングもグルメもアートも まとめて楽しんじゃおう!

食べたいもの、見たいもの、欲しいもののブランドが集結。ペットフレンドリーのお店いっぱいだから、わんちゃんと一緒に移動がラクラクなのがサイコー!

楽しみやすい環境と清潔感でわんちゃんもうれしい
ふかや花園プレミアム・アウトレット

テラス席にはリードフックが設置されている。

ラクにきれいに
できるわん！

足洗い場も完備。水を飲ませたり、涼ませるのにも最適。

地元の限定メニューや名物グルメを味わおう

２０２２年10月に、埼玉県・深谷市にオープンした「ふかや花園プレミアム・アウトレット」。家族の一員であるペット連れにウエルカムな新名所です。総数１３９店舗のうち、愛犬と入店できるショップ・飲食店（小型犬のみ可）は、98店舗というから実にペットフレンドリー。キャリーバッグやカートに乗せて顔出しをしないマナーをきちんと守って、ハイエンドブランドからグルメまで一緒に楽しみましょう。場内には、リードフックや、ペット足洗い場、専用ゴミ箱が設置されているから安心。自然を想わせるウォールアートや作品などが施設内に点在し、アート鑑賞も楽しめちゃう。愛犬と丸一日遊べるアウトレットモールです。

1F Enjoy Shopping with My Dog!

コスパよしの
アイテム多数

LIFE STYLE

1Fフロア わんちゃん入店OK、全86店舗をご紹介!

1F ファッション・雑貨・食物販・スポーツ

1 Nike ナイキ
2 Cobra Puma Golf コブラ プーマ ゴルフ
3 Puma プーマ
4 Roxy ロキシー
5 Quiksilver クイックシルバー
6 Dc ディーシー
7 Levi's リーバイス
8 Dou Dou ドゥドゥ
9 Ciaopanic チャオパニック
10 Zwilling ツヴィリング
11 Polo Ralph Lauren ポロ ラルフ ローレン
12 108 Matchasaro 一〇八抹茶茶廊
13 Segafredo Caffe セガフレード・カフェ（テラス席）
14 Marc Jacobs マーク ジェイコブス
15 Calvin Klein カルバン・クライン
16 Tommy Hilfiger トミーヒルフィガー
17 Izone New York（Push Cart）
アイゾーンニューヨーク（プッシュカート）
18 Graniph グラニフ
19 Adidas アディダス
20 Adidas Golf アディダスゴルフ
21 Ryu（Push Cart）リュウ（プッシュカート）
22 Gong Cha ゴンチャ
23 23Ku Select 23区 Select
24 Tully's Coffee & Tea
ターリーズコーヒー アンド ティー（テラス席）
25 Cafe Iguana Mexican Grill
カフェイグアナ メキシカングリル（テラス席）
26 Owndays オンデーズ
27 Pet Paradise ペットパラダイス
28 Ueshima Coffee Shop 上島珈琲店
29 Vans ヴァンズ
30 Danner ダナー
31 Hawkins ホーキンス
32 Saucony サッカニー
33 .st ドットエスティ
34 Orobianco オロビアンコ
35 Wa Cafe Tsumugi 和カフェ Tsumugi（テラス席）
36 Cheese Garden チーズガーデン（テラス席）
37 Nice Claup ナイスクラップ
38 Olive des Olive オリーブ・デ・オリーブ
39 New Balance ニューバランス

アウトレット
日本初登場の
コラボ店!

一時的につないでおけば、わんちゃんの足拭きにも便利。目の届く範囲で食事ができるのが◎。

長瀞の特産品、氷味のスナック豆。かき氷豆350円／小江戸まめ屋。MAP56

クラフトきな粉を使用。極上きなこソフトクリーム500円／長瀞とガレ MAP57

40 Brooks Brothers ブルックス ブラザーズ
41 Starbucks スターバックス（テラス席）
42 Asobo! Garigari-kun あそぼ! ガリガリ君
43 Coach コーチ
44 Beams ビームス
45 Feak's Store フリークス ストア
46 Oakley オークリー
47 Millet ミレー
48 Heal Creek ヒールクリーク
49 Descente Outlet Store Golf
デサント アウトレットストア ゴルフ
50 Eggs'n Things エッグスンシングス（テラス席）
51 Asics Walking アシックスウォーキング
52 Asics アシックス
53 Ping ピン
54 Citizen シチズン
55 New Balance Golf ニューバランス ゴルフ
56 Koedo Mameya 小江戸まめ屋
57 Nagatoro to Galette 長瀞とガレ
58 Fukuske フクスケ
59 Ace Bags & Luggage
エース バッグス&ラゲージ
60 Gunze グンゼ
61 Korg コルグ
62 Regal リーガル
63 Atlantic Stars アトランティックスターズ
64 Coronet コロネット
65 Replay リプレイ
66 Dsquared2 ディースクエアード
67 Stone Island ストーンアイランド
68 Tory Burch トリー バーチ
69 Armani アルマーニ
70 Boss ボス
71 Cole Haan コール ハーン
72 Theory セオリー
73 United Arrows ユナイテッドアローズ
74 Champion チャンピオン
75 Samantha Thavasa サマンサタバサ
76 Tempur テンピュール
77 Casio Watch カシオ ウォッチ
78 Kua'aina クア・アイナ（テラス席）
79 Francfranc フランフラン
80 Verite ベリテ
81 Zero Halliburton ゼロハリバートン
82 Under Armour アンダーアーマー
83 Gente di Mare ジェンテ ディ マーレ
84 Valentino ヴァレンティノ
85 Bally バリー
86 Hunter ハンター

※赤い数字は「飲食店」「食べ物販売店」

フロアガイド

2F Let's Go to a Food Lodge!

FOOD ペットカート使用または小型犬のわんちゃんOK

ステーキ、ラーメン、タコス、スイーツ……美味しいものいっぱい

87 Wood Burning Steak 本気の薪焼きステーキ（テラス席）
88 Musashi Joushu Local Gourmet Express 武蔵上州ご当地グルメ屋台（テラス席）
89 Musashino Seimenjo ムサシノ製麺所（テラス席）
90 Jinenjo 次念序（テラス席）
91 Gyountei 暁雲亭（テラス席）
92 Lemson's Crepe レムソンズクレープ（テラス席）
93 Kitade Tacos キタデタコス（テラス席）
94 Saikabo 妻家房（テラス席）
95 Curry & Yakitate Naan Amara カリー&焼きたてナン アマラ（テラス席）
96 Potamelt ポタメルト（テラス席）
97 Roast Beef Yoshimi ローストビーフYoshimi（テラス席）
98 37 Pasta 1/2 サーティセブンパスタ ニブンノイチ（テラス席）

※赤い数字は「飲食店」「食べ物販売店」

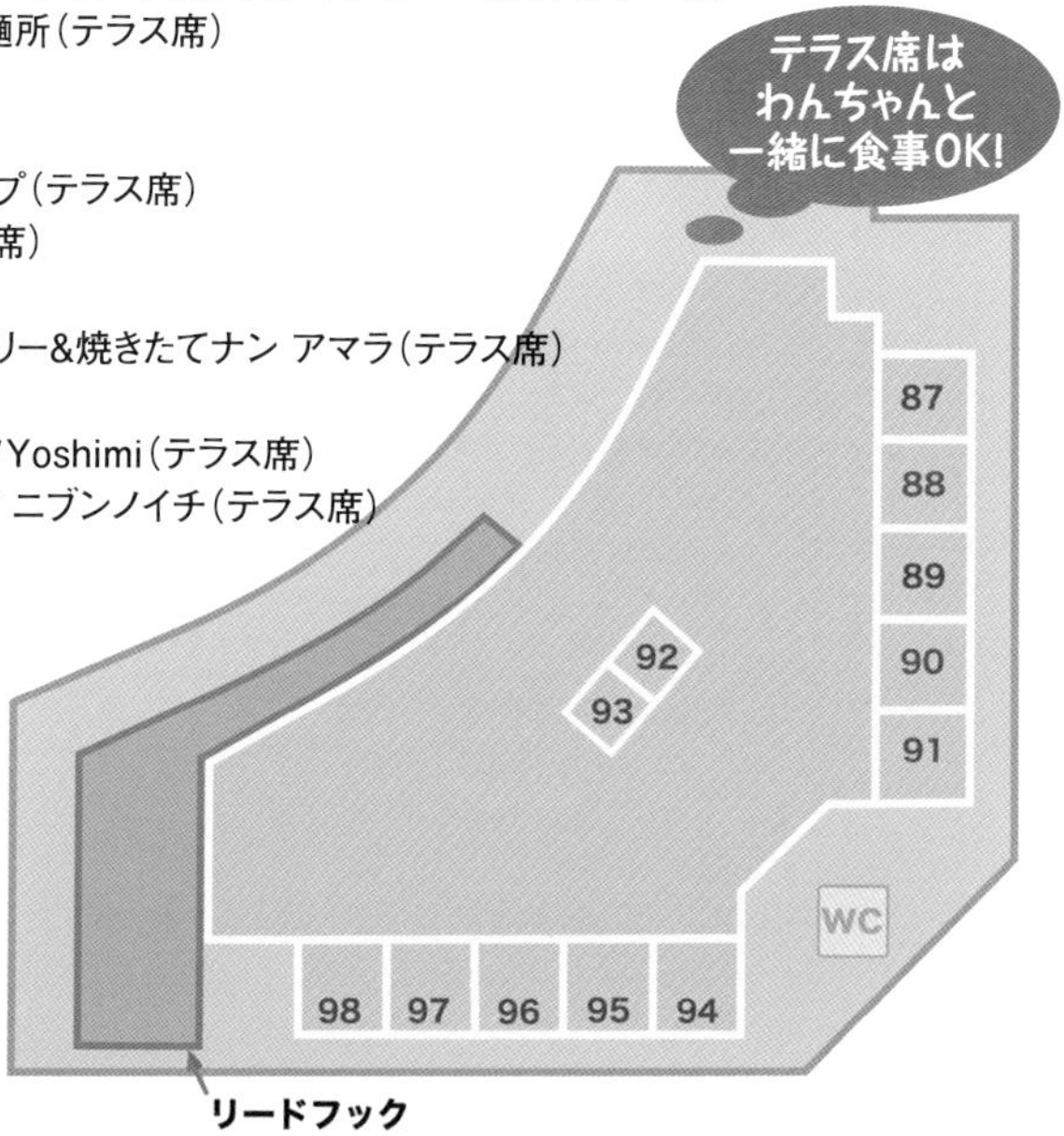

ふかや花園店限定!

深谷ねぎ味噌バーガーメルト
980円／ポタメルト。MAP96

「愛犬ウンチBOX」を設置するほどの配慮が素晴らしい。

北海道産ブランド牛「キタウシリ」牛すき焼き&ローストビーフ丼 1,320円／ローストビーフ Yoshimi。MAP97

地元の畑でとれたネギたっぷり。ふかや葱塩らーめん1,078円／暁雲亭。MAP91

ACCESS

埼玉県深谷市黒田169　☎048-584-8700
◎秩父鉄道「ふかや花園」駅から徒歩3分。
㊢10:00〜20:00 レストラン11:00〜21:00
カフェ9:30〜20:00　㊡第3木曜日

●2023年3月現在の情報です。出店する店舗や、店舗の場所は変動する場合があります。

Live Happily with My Dog

わんちゃんの心の声をしっかり聞き取ろう①

愛犬と楽しい外出のための心得

愛犬に負担をかけず、周りにも迷惑をかけない上手なお出かけをしましょう。

大好きな家族の一員である愛犬をいろいろなところに連れて行って、一緒に幸せな体験をしたいと思うのは、当然の親心です。しかし、せっかくのお出かけを楽しい思い出にできるかどうかは飼い主次第。ほかの人に迷惑をかけないことはもちろん、わんちゃんが辛い目を遭うなんてことは絶対にあってはなりません。

Rule 電車に乗る際はルールを守って

ＪＲ東日本公式サイトには、「小犬・猫等の小動物を車内にお持ち込みになる場合は、動物専用のケース（タテ・ヨコ・高さの合計が１２０センチ以内でかつ、ケースと合わせた重量が10キログラム以内のもの）に収納していただき、ご乗車になる駅の改札口などでお見せのうえ、手回り品切符（２９０円）をお求めください」とあります。一緒に乗車はできますが、手回り品としての料金が発生し、サイズに条件があるのでご注意。また、鉄道によって違いがある場合もありますので、事前に鉄道会社に確認しておきましょう。

電車内と駅構内ではキャリーケースから出すことはできません。伏せができる程度の底面積と、中で方向転換できる高さがある、体の大きさに合ったサイズのキャリーケースが理想です。ほかの乗客の邪魔になら

お話をうかがった先生

獣医師 **木屋《きや》 伸之《のぶゆき》**

診察や治療のほか、最新情報を積極的に取り入れ、ペットの健康をサポート。

かそり動物病院
千葉県千葉市若葉区
加曽利町1061-11
☎043-234-8857

ない場所を選んで、手に持つか足元に置いてください。また、前もって駅のエレベーターやエスカレーターの有無や位置、乗り換え時の最短ルート、混雑する時間帯も調べておきましょう。行きたい場所が決まったら、先にこうした情報を集めて準備することで、愛犬に負担をかけずに済み、周りへの配慮になります。

犬連れの移動における注意点を、「かそり動物病院」院長の獣医師、木屋伸之先生にうかがいました。

Lesson
キャリーケースは楽しい場所

普段からキャリーケースに慣れさせておくことは必須条件です。家でこれをお仕置き部屋として使うとキャリーケースが嫌いになってしまいます。おやつを入れるなどして、犬にとって、入ったら楽しい隠れ家的な場所だと思わせましょう。家で慣れたら次はキャリーケースに入れたまま近所の公園に行ったり、車のシートに2、3分置いたり、シチュエーションを変えて経験させ、ご褒美をあげます。だんだんと距離と時間を伸ばして少しずつ練習を重ねてください。強引に押し込んだり、いきなり遠出したりするのが不安になるのは、わんちゃんの気持ちからすれば当然です。キャリーケースに慣れることは災害避難時にも絶対必要なので、この訓練はぜひやっておくことをおすすめします。

Manners & Care
愛犬の体調に気をつける

移動中、乗り物酔いをして吐いてしまうケースがあるので、かかりつけの獣医師から酔い止めの薬を処方してもらっておくと安心です。ドッグランやカフェを利用するときはオムツを用意しておくこと。男のコならマナーパッド、女のコならパンツタイプを。お店に入るとき、毛が抜けやすい犬には服を着せるのもマナーのひとつです。それから、ペットシーツやお水、いつも食べているフードは持参しましょう。

パグ、ブルドッグ、シーズーなどの鼻の長さが短い短頭種や、気管に問題のある小型犬などは、興奮するとハァハァと呼吸が乱れがち。時間に余裕を持って休み休み行きましょう。熱中症にもなりやすいので温度変化に気をつけて、首に巻くひんやりシートがあると良いでしょう。

心臓病などの基礎疾患のあるコや、体調が悪いときは連れ出さないように。最悪、命の危険に関わります。そのような場合はかかりつけの病院に預けて出かけることも愛情です。

CAFE ELEVATO
COEDO

Denny's

PART 2

ワクワク＆驚きの連続！愛犬と一緒にときめいて

ちょっとアクティブに、非日常体験をわんちゃんとトライしませんか。
食べ歩きや移動で風を感じたり、あれこれ思いきり楽しみましょう。
観光気分で小旅行に出かければ、愉快な休日が待っています。

Go Out 12 東京都港区 日の出・台場

都内屈指の360度絶景!
ウォーターフロントを遊び尽くそう

気軽に水上タクシーに乗ったり、対岸の絶景を眺めながら食事を楽しんだり、
ビーチでは砂遊びや遊歩道をお散歩。ワクワクする体験がいっぱいの海辺の休日は最高。

犬仲間や家族と船に乗って気分爽快な水上散歩を
東京ウォータータクシー

Dog's MENU

大型犬OK
(頭数限定。詳細はHP確認)

エアコン完備

デッキシャワー
(一部の船舶のみ)

リードフック用
大型ナスカン

水辺のドッグフレンド
リーカフェにアクセス

ACCESS

東京都港区芝浦2-1-11 ☎03-6673-2528(要予約)
15分単位でクルーズ時間を決められる。乗降場所などの詳細はHPで確認。㊎11:00〜19:00 ㊡月曜日

東京港内の水路は波が穏やかなので船の揺れが少ない。わんちゃんも怖がらずに乗船が楽しめる。

レインボーブリッジの真下を通過する瞬間は、圧巻の迫力!

パッと目を引く
黄色のボート！

15分1隻5,000円（8名まで可）。
＊17:00以降は6,000円。ともに別途回送料あり

トイレ、冷暖房、Bluetoothスピーカーなども完備され、わんちゃんも船内OK。

心地よい風と広大な眺めに わんちゃんもリラックス

東京ウォーターフロントの景色は素晴らしい。そして、それを海から眺める景色はもっとダイナミック！愛犬と乗船できる「東京ウォータータクシー」は、都心の川や街中の水路、東京港を自由に航行。愛犬とレジャーや移動に利用できる東京唯一の水上タクシーです。大型犬も乗船可能で、船は完全貸し切り。身内だけなので、わんちゃんもリラックスできて、シニア犬も安心して心地よい風を楽しめます。デッキには人工芝が敷かれ、専用トイレ、エアコン、さらに夏場は体を冷やすために使うデッキシャワーなど、ドッグフレンドリーな装備が満載。都心を眺めながら海を渡る特別な風情をわんちゃんと一緒に気軽に楽しみませんか。

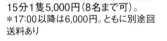

食事が一層美味しくなる魅惑のオーシャンビュー

BESIDE SEASIDE（ビサイドシーサイド）

テラス席OK
大型犬テラス席OK
テイクアウトOK
楽しめることが多彩!
テラス横が日の出ふ頭の桟橋
ウォータータクシーで来るのもいいね!

ACCESS

東京都港区海岸2-7-103 Hi-NODE1F ☎050-3503-6506（予約可）

新交通ゆりかもめ「竹芝」駅（西口）から徒歩4分、「日の出」駅（東口）から徒歩4分、東京ウォータータクシー ベーシックライドダイレクト便「日の出埠頭」桟橋目の前。

㊔月～金曜日11:30～22:00 土曜日11:00～22:00（ランチ14:30 L.O、ディナー20:30 L.O）日曜日・祝日 11:00～21:00（ランチ14:30 L.O、ディナー20:00 L.O） ㊡無休

お腹がいっぱいになったら、愛犬とガーデンで遊ぼう！

パラソルと椅子があるので暑い日でもくつろげる。テイクアウトをしても。

手ぶらでOK
後片付けもナシ

BBQ　プラン飲み放題90分付き6,500円／1名（4名から）。

魚介たっぷり。ビーシーミックスパエリアノーマル（1〜2人前）2,350円。

ベイサイドきっての風光明媚な大パノラマ

ベイサイドの絶景を見ながらイタリアンやスパニッシュを味わえるダイニング・レストラン「ビサイドシーサイド」。空と海と緑、そして高層ビル群とのコントラストが際立つ大パノラマが一気に目の前に広がります。ここでは、日常から離れた特別な時間を過ごせます。「食と遊び」を提供する空間はほかにも。BBQが楽しめたり、自然を生かした芝生がゲストを迎えるガーデンでパーティをしたり、わんちゃんも走り回れて大喜び。食材の良さを最大限に引き出した料理の中でも、ビーシーミックスパエリアは必食。新鮮な魚介類の旨味が凝縮された深い味わいは、〝どうしてこんなに美味しいの！〟と、叫ばずにはいられません。

東京の素晴らしい景観が楽しめる静かな入り江

お台場海浜公園

Dog's MENU

大型犬OK
おだいばビーチ
ボードウォーク
スカイウォーク

女神さまにごあいさつ！
眺めているだけで癒やされる！

ACCESS

東京都港区台場1-4　☎03-5531-0852
新交通ゆりかもめ「お台場海浜公園」駅（A）・「台場」駅（2A）から徒歩3分。
常時開放／管理事務所9:00〜16:00　㊡無休

お台場の
目印です!

高さ約11メートルのレプリカ「自由の女神」像。©真島香

近づいても
逃げないね〜

臨海を走る「新交通ゆりかもめ」の名称になっている、ユリカモメ群の姿も。

新島特産の抗火石でつくられた「新島のモヤイ像」。"絆をつくる出会いの場に"という意味が込められている。

砂浜から芝生、ボードウォークまで、何度も全力疾走! いろんな感触が楽しいねっ。

売店と食堂の「マリンハウス」前から見る眺めが格別。©真島香

壮大な対岸の眺め、そして女神…
絵になるショットがいっぱい

東京のウォーターフロントに広がる「お台場海浜公園」。海岸沿いには歩きやすいボードウォークが伸びていて、その向こうは白い砂浜に。お台場といえば、レインボーブリッジ。ビーチの正面に見える対岸の景観はあまりにも迫力があり、ずっと眺めていても飽きません。スカイウォークをお散歩すれば、さらに高い位置から一望できます。ここのシンボルは、「自由の女神」像のレプリカ。これは、平成10年の「日本におけるフランス年」のイベント記念として建てられたもので、日本とフランスの国際友好関係を表しています。ぜひ、女神と一緒に写真を。喧騒から逃れたいときに、小旅行気分で出かけるのにふさわしい公園です。

Go Out 13 東京都台東区 浅草

粋な下町の映えスポット巡りと食べ歩きグルメを楽しもう

下町情緒たっぷりな街並みやここでしか味わえないグルメ、迫力満点の東京スカイツリーなど魅力がいっぱい。知れば知るほど好きになる浅草を愛犬と楽しんで。

最高級の人力車に乗って名所を優雅にひと巡り

浅草人力車 吉兆屋

Dog's MENU

マット用意あり

大人1名乗り
小型・中型犬2匹
までOK

観光名所をいいとこ取り!

ACCESS

東京都台東区雷門1-12-11 車庫　予約はHPの専用フォームから。集合場所 浅草・雷門前。10分コース1台・大人1名3,000円〜。コース、詳細はHPで確認を。(営)10:00〜18:00　㊡雨天休業

吾妻橋
AZUMABASHI BRIDGE
巨大ビール
発見!!
ビールジョッキをモチーフに建てられた「アサヒグループ本社ビル」に感激!

スカイツリーと一緒にパチリ。たくさん撮ってくれるのがナイス。

雷門前から
しゅっぱつー
雷門
まず最初に、浅草のシンボル、風雷神門、通称「雷門」の前で写真をパチリ!

俥夫歴9年の中野優介さん。贅沢にもつきっきりでケアしてくれる。

吉兆屋
縁起のよい鶴を金で描いた伝統美を感じる車の背面。

日本駄右衛門
だわん!
日本駄右衛門・鼠小僧など、日本屈指の盗賊団の人形と出会うことも。

忘れがたい思い出を刻む 優雅なひととき

一度は浅草に行ったことがあるならば、次はプライベート感を味わうとっておきのプランを提案。わんちゃんと人力車に乗って、心地よい風を感じながら浅草の観光名所をぐるりと巡るのはいかが。

おすすめは、乗り心地のよさで評判の「浅草人力車 吉兆屋」。ここでは、細部に至るまでかくも美しい、日本に数えるほどしかない最高級の長崎人力車に乗ることができます。優雅な気分で巡る観光は格別です。

今回は、雷門↓隅田川沿い↓浅草寺を巡る所要時間20分、料金大人1名5000円コース（大人2名の場合は7000円）を体験。温かなおもてなしを受けながら、愛犬と一緒に浅草を再発見してみませんか。

食べ歩きごちそうグルメを相棒と一緒に散策しよう

Best Osanpo Route

あっ！と驚く個性店がズラリ

① 亀十

どら焼き（黒）360円

東京都台東区雷門2-18-11

☎03-3841-2210

㊮10:00〜19:00　㊡不定休

職人が一つ一つ丹念に焼いている伝統のどら焼き。上品な甘さとパンケーキのようなふわふわの皮は、一度食べたらまた食べたくなる味わい。平日もできる長蛇の列が目印！

地元っ子が愛する美味しいものを紹介

2 アルテリア・ベーカリー浅草店

原料から発酵時間、焼く温度まで一切の妥協なし。外はカリッ、中はもっちり、ふっくら。

メロンパンプレーン200円
東京都台東区浅草1-31-1　☎03-3843-6676
㊔10:00～18:00　㊡無休

3 雷一茶 伝法院通り店

濃厚な一番茶葉を使用した抹茶アイスと抹茶わらびもち、おこしの味は飽きない美味しさ。

お濃茶わらびジェラード 700円
東京都台東区浅草2-2-2　☎03-5830-6948
㊔10:00～18:00　㊡無休

売り切れたら、即終了!

4 浅草ちょうちんもなか

純国産のもち米を一枚一枚丁寧に焼き上げたサクサクもなか。濃厚なアイスとベストマッチ。

アイスもなか380円（8種）
東京都台東区浅草2-3-1　☎03-3842-5060
㊔10:00～17:30　㊡不定休

5 豊福

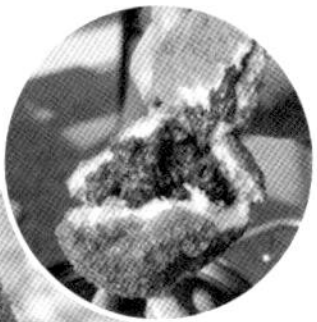

黒毛和牛を贅沢に使用。肉とオリジナルのスパイスが共鳴し、あまりのうまさにぺろりと完食。

黒毛和牛カレーパン350円
東京都台東区浅草2-3-4
㊔10:00～19:00　㊡無休

6 浅草メンチ

幻の豚と呼ばれている「高座豚」と国産和牛をブレンド。コクと甘さのバランスが絶妙。

浅草メンチ350円
東京都台東区浅草2-3-3
㊔10:00～19:00　㊡無休

浅草公会堂入り口前の「スター広場」。浅草ゆかりの芸能人の手形を見るのも楽しい。

リバーサイドで隅田川とスカイツリーを一望

DOG DEPT CAFE（ドッグデプトカフェ）浅草隅田川テラス店

かわいいグッズや服がいっぱい。

ソファー席もあるのが◎。事前予約をするのがベター。

隅田川のリバーサイドにある「ドッグデプトカフェ 浅草隅田川テラス店」。1階は洋服やペットグッズ、2階はカフェスペースになっている、愛犬とお買い物から食事まで楽しめる居心地がいい空間です。わんちゃんのメニューもとても充実。スカイツリーと川を眺めながら、一緒にお食事なんて魅力的。大人の服も販売していて、なかには愛犬とのペアルックもあります。浅草散策にはぜひ立ち寄りたいお店です。

高タンパク
カロリーです

低脂質! エゾ鹿サンド1,045円。

ハーネス&リードも
たくさん揃っている。

ACCESS

東京都台東区駒形2-1-30 2F
カフェ☎03-5828-3936（予約可） ショップ☎03-5828-3930
都営地下鉄浅草線「浅草」駅（A2）から徒歩1分。
営 カフェ11:00～19:00（18:00L.O） 土・日・祝日11:00～20:00（19:00L.O）ショップ11:00～18:00 休 火曜日

多くの人々に愛されている確かな物づくり

犬印鞄製作所 伝法院通り店

迷彩柄に犬が隠されている!?

犬迷彩ショルダートート H31.5×W42×D9cm 7,040円。

浅草で創業70年！

店内OK

大型犬OK

鞄を守っている犬の看板が目印!

ブームに流されずに、その地で受け継がれた技術で帆布の魅力を活かした物づくりを続けている「犬印鞄製作所」。浅草の工房で職人たちが丁寧につくり上げた品々は丈夫なつくり。わんちゃんとのお出かけのお供にぜひ。タグの鞄に寄り添う犬のマークには、アルプスの救助犬が人命を救うため小さな樽を大事に運んでいたように、商品が〝お客様の大切な荷物をしっかり守れるように〟という思いが込められています。

トートH19×W22×D11cm 5,995円。

2ウェイコンビトート
12,100円～。

一度持ったらやみつき!

ACCESS

東京都台東区浅草1-35-6　☎03-5806-1712
◎東京メトロ銀座線「浅草」駅（1）から徒歩2分。都営地下鉄浅草線「浅草」駅（A4）から徒歩4分。
㊔10：00～18：30　㊡無休
＊わんちゃんと入店の際は、抱っこまたはキャリーケースに入れてほかのお客様に配慮を。

Go Out 14 東京都千代田区 神田・台東区 上野

古くから東京を守ってきた 聖地を巡礼! ゆかりの地を散策

厄除け、商売繁盛、縁結びにご利益がある神田明神をわんちゃんと訪ねてみよう。

神田からほど近い上野公園にも足を伸ばして、東京都の聖地を巡礼するツアーはいかが。

江戸総鎮守に愛犬の安全と健康を祈願して

神田明神

都内屈指のパワースポット!

ACCESS

東京都千代田区外神田2-16-2 ☎03-3254-0753
●JR中央線・総武線「御茶ノ水」駅(聖橋口)から徒歩5分。京浜東北線・JR山手線「秋葉原」駅(電気街口)から徒歩7分。東京メトロ丸ノ内線「御茶ノ水」駅(1)から徒歩5分。東京メトロ千代田線「新御茶ノ水」駅(B1)から徒歩5分。参拝時間 常時開放 ㊡無休

会社員も多く参拝に訪れる。お正月の初詣には30万人が。

境内は広くて清々しい、わんちゃんも気持ちよさそう。

神馬のあかりちゃんにもご挨拶。「こんにちわん～」。

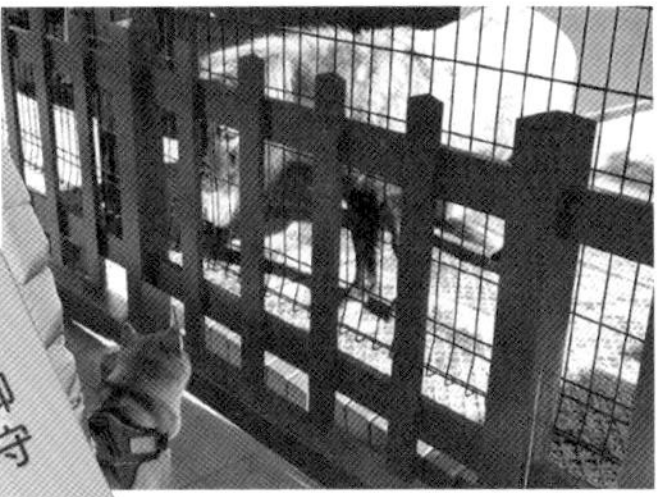

ペットの安全と健康を祈願したお守り。首輪などに取り付けられる。ペット御守1,000円。

境内には主祭神に縁がある神々の摂末社が多数。

自然災害や禍いを乗り越えた古社でお守りを授かろう

都心にありながら清々しい気に満ちている「神田明神」。創建はなんと天平2年（730）、徳川家康が戦勝のご祈祷を行い、見事に勝利。天下統一を果たしたことから崇敬され「江戸の総鎮守」と称えられてきた古社です。今も神田、日本橋、秋葉原、大手丸の内など108町会の総氏神様でもあります。

ここのアイドルは神馬であるポニーのあかりちゃん。動物を大切にする神社らしく、家族の一員であるペットのために、ペットお守りが受けられます。首輪にお守りをつけた写真を「#明神わんにゃん倶楽部」をつけてインスタグラムに投稿すると、神田明神のインスタグラムや神《お》札所《ふだしょ》で掲載されるそう。

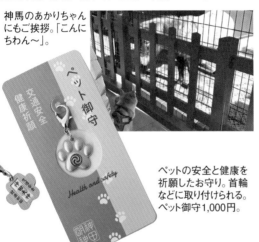

美しい自然と文化施設、そしてアートまで

上野恩賜公園

連れているのは薩摩犬。西郷隆盛は大の愛犬家だったそう。

愛犬の名はツンです

Dog's MENU

大型犬OK

園内カフェ（テラス席OK）

スターバックスコーヒー上野恩賜公園店

EVERYONEs CAFE

上野グリーンサロン

歴史的要所をおさえた1時間のお散歩コース!

ACCESS

東京都台東区上野公園5-20 ☎03-3828-5644（上野恩賜公園管理所）

◎JR山手線「上野」駅（不忍口）から徒歩2分、東京メトロ銀座線・東京メトロ日比谷線「上野」駅（7）から徒歩2分、京成本線「京成上野」駅（正面口）から徒歩1分。(営)5:00〜23:00 ㊡無休

Best Osanpo Route

上野恩賜公園 With 愛犬1h ベスト散策ルート

1. 国立西洋美術館
2. 竹の台広場(噴水池)
3. 旧東京音楽学校奏楽堂
4. さくら通り
5. 上野大仏
6. 時の鐘
7. 花園稲荷神社
8. 弁天門 不忍池前
9. 西郷隆盛像

1 国立西洋美術館

START!!

西洋美術を広く扱っている美術館。わんちゃんは入れないので、世界遺産に登録されている、設計者ル・コルビュジエの建築を眺めましょう。美術館の建物自体が作品なのですから。

竹があったのは
幕末のハナシ…

2 竹の台広場（噴水池）

「竹の台」とは、噴水の付近に竹が植えられたことから、この名に。奥には東京国立博物館の本館が見え、愛犬と噴水が高く上がるシーンを撮るならここがベスポジです。

8 弁天門 不忍池前

不忍池側の整備されている遊歩道をお散歩。蓮池の中心にある「不忍池弁天堂」が建つ島は、江戸時代につくられた人工島でした。

9 西郷隆盛像

ツンちゃん
かわいい!
GOAL!!

西郷隆盛は、江戸城を無血開城した明治維新の最大の功労者です。犬を連れているのはダイエットのため一緒に山歩きをしていたからとか。

Le quattro stagioni（レ クアトロ スタジオーニ）

ひと休みはここで!

西郷像のすぐ前にあり、駅にも近いアクセス。わんちゃんと入店できるテラス席は、開放的で公園内の自然も眺められて、ゆっくりと食事が楽しめます。お散歩の際は、ぜひ立ち寄りたい居心地のいいイタリアン・レストランです。

Le quattro stagioni

西郷隆盛像の前です!

窯焼きピザが美味しい! マルゲリータ バジルとモッツァレッラチーズ1,100円。

ACCESS

東京都台東区上野公園1-59　☎03-3824-0014
テラス席 小・中・大型犬OK　テイクアウトOK
㊔11:00～クローズ時間は問い合わせを。㊡無休

③ 旧東京音楽学校奏楽堂

公開日には日曜
コンサートも!

明治23年建築、日本最古の洋式音楽ホールとして、重要文化財に。日本の音楽教育の中心でした。

④ さくら通り

「日本さくら名所100選」に選定されているお花見スポット。さくら通りから園一体に800本が咲きます。

⑤ 上野大仏

上野大佛

関東大震災や火災で顔のみになってしまった「上野大仏」。胴体を失って、これ以上落ちないという意味で、合格大仏と呼ばれています。

⑥ 時の鐘

「残したい日本の音風景100選」に選定された寛永寺の時鐘堂。6時、12時、18時に時を告げます。その時間に通ったら耳を澄ませましょう。

⑦ 花園稲荷神社

私たちはここから
さんぽい

縁結びのパワースポット。稲荷神社なので商売繁盛にも良縁にもご利益があるといわれています。わんちゃんと表参道前から参拝してください。

歴史に触れながら効率的に散策しよう

花見客でにぎわうことで有名な「上野恩賜公園」。自然豊かな園内は、ドッグランはないものの、わんちゃん連れも多く、ゆっくりお散歩をしたり、ピクニックやカフェテラスでお茶を楽しんだりと、愛犬家たちにとっても憩いの場所です。

広大な敷地の中には、博物館や文化施設のほか、歴史を感じるスポットがたくさん点在しています。せっかくなので歴史探訪のお散歩をしてみませんか。とはいえ、全部見て歩くのは大変。ここでは、わんちゃんと楽しく散策できる、ポイントをおさえた1時間のお散歩コースを紹介します。400年前の寛永寺建立から始まり、江戸から明治へ……。歴史が動いたあの場所へレッツゴー!

Go Out 15 東京都青梅市

ずっと元気でいてね！ 愛犬の健康を「祈祷」しよう

武蔵御嶽神社は標高929メートルの御岳山山頂にある天空の神社。さらに、御岳山はパワースポットの宝庫。参拝を済ませたら、一緒にハイキングを楽しんで運気をアップ！

災難除けの神「おいぬ様（ニホンオオカミ）」を祀る神社

武蔵御嶽神社（むさしみたけじんじゃ）

ACCESS

東京都青梅市御岳山176 ☎0428-78-8500
JR青梅線「御嶽」駅→西東京バス「御岳」駅→「ケーブル下」、御岳登山鉄道ケーブルカー「滝本」駅→「御岳山」駅から徒歩25分。
参拝時間9:00〜16:00 ㊡不定休

御祈祷料1匹3,000円～予約不要。9時～16時まで。

ご祈祷が終わるといただける愛犬祈祷札や御供物。

2点の国宝を含む、刀や武具を所蔵展示する宝物殿。

本殿の脇に鎮座する雄々しい狛犬は狼を象っている。

幣殿・拝殿は、徳川治世に江戸の「西の護り」として東向き改築。

いわれは日本書紀に遡《さかのぼ》る おいぬ様が災いを防ぐ

武蔵御嶽神社の守り神は、大口真《おおくちま》神《がみ》となったニホンオオカミ。その由来は、日本武尊《やまとたけるのみこと》がこの地で道に迷ったところを、白い狼が現れて導いた伝説から。江戸時代には大口真神の護符は火難除けや盗難除けとして庶民の間で人気となり、親しみを込めて〝おいぬ様〟と呼ばれるように。

近年ではおいぬ様にちなみ、愛犬の健康などを願う人々でにぎわい、申し込めば愛犬のご祈祷を行ってもらえます。狼が神様なここでは、わんちゃんも歩いて参拝できて、手水舎にはペット専用の水場があるほど犬にやさしい。神社にアクセスするケーブルカーには、リードを1メートル以内に持てば、ケージなしで乗車できます。

古《いにしえ》から神が宿るという霊山のパワーを浴びよう

御岳山(みたけさん)

Dog's MENU

ケーブルカー
乗車OK

参道にある商店街。
お土産を買うならここで。

ロックガーデンから徒歩で約25分、木々の緑に囲まれた「綾広(あやひろ)の滝」は、浄化のパワースポット。

武蔵御嶽神社から苔むした岩が神秘的なロックガーデンへ。わんちゃんと一緒に山歩きにトライ!

ここでお弁当に
しましょ!
日の出山 山頂

御岳山から日の出山へ。山頂からは都心が見渡せる。

分岐点には
道標

神のパワーを感じる御神木
大きな杉や檜にもお参りを

御岳山には名木に数えられる巨樹が多い。ケーブルカー御岳山駅前の御岳平から、リフトに乗ってすぐの場所にある「産安社」は、子授け、安産、長寿の三女神が祀られている。そこにある「安産杉」は、丸く包み込むような幹が安産を表しているという。

江戸時代から
ここにいます

大型わんちゃんも頂上へ!
天空のお散歩を楽しもう

御岳山周辺には行ってみたい魅力的なスポットがたくさん。わんちゃんもケーブルカーに乗れるから、一緒に山の頂上の絶景が楽しめる。10キログラム以上の大型犬もOKなのがありがたい。道には道標がたくさんあるから迷う心配もなし。

ACCESS

東京都青梅市御岳山
● JR青梅線「御嶽」駅→西東京バス「御岳」駅→「ケーブル下」、御岳登山鉄道ケーブルカー「滝本」駅→「御岳山」駅。
ケーブルカー往復料金 大人1,130円 小人570円
ペット用往復料金 10キログラム以上 520円 10キログラム以下 260円

Go Out 16 埼玉県川越市

レトロな街へタイムスリップ 食べ歩きをしながら小旅行

蔵造りの家が続く景色はどこも絵になるところばかり。そして素敵な町角からはいい匂いがしてくるもの。名物の味をつまみながら、愛犬と散策を楽しもう。

江戸時代に城下町として栄えた面影を今に残す

小江戸川越

来てみたかった
小江戸ワールド

見応えたっぷり蔵造りの町

ACCESS

埼玉県川越市松江町2-1-8 ☎049-227-9496（小江戸川越観光協会）

西武新宿線「本川越」駅から徒歩10分。JR川越線・東武東上線「川越」駅（西口）から徒歩25分、または駅からバスで12分。西口2番のりば 小江戸巡回バス 蔵の街・氷川神社ルート「E14蔵の街」下車。小型犬10キログラム以下ならキャリーケースに入れて乗車可。

色とりどりのガラスが散りばめられている石畳の道にも注目。

本通りから路地に入ると、懐かしい駄菓子屋が並ぶ「菓子屋横丁」に。

川越では狐に関する伝説や民話が多く、それにあやかりお面を扱う土産店も多数。

川越駅西口から出る小江戸巡回バスが便利。料金一律200円。乗り放題の1日フリー乗車券は500円。川越駅観光案内所、バス車内等で購入できる。

一軒屋の店が連なり、派手な看板もない。景観を壊さない素敵な町並み。

情緒あふれる町歩きで ノスタルジックな気分に

都心から約1時間というアクセスの川越。江戸時代に川越藩の城下町として栄えた歴史を持ち、今でもその面影が色濃く残っています。そのため「小江戸川越」の名で人気が高く、なかでも「蔵造りの町並み」は、重要伝統建造物群保存地区に選定された趣深い魅力的なエリアです。近くに和装レンタル店もあるため、和装姿のカップルも多く、町は華やかににぎわっています。立派な鬼瓦の屋根や黒漆喰の壁など、舞台は整っているので、愛犬も和風の首輪や服を身に着けて、一緒にトリップを楽しむのはいかがですか。

食べ歩きができる地元のグルメもたくさん。遠い時代に想いを馳せながら、これらも味わってみて。

1 龜屋（かめや）

つぶ餡と
こし餡の2種

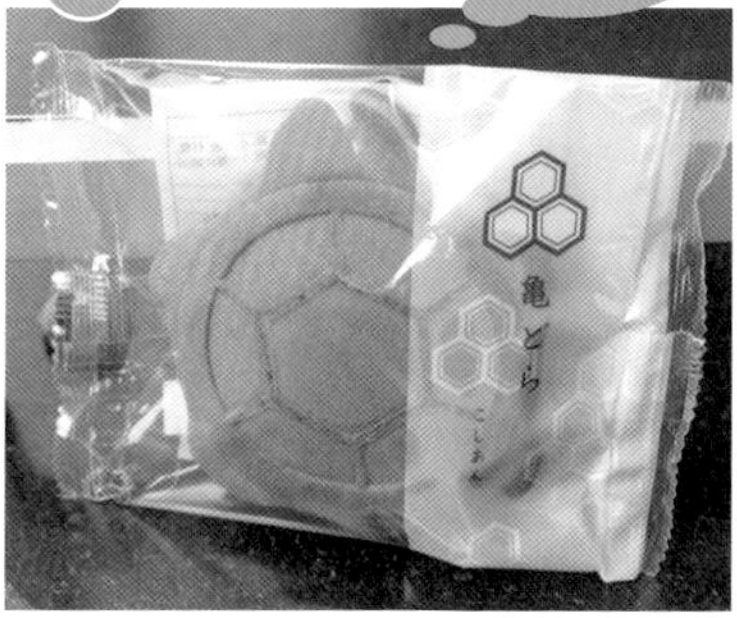

創業1783年、230年続く老舗の「龜屋」。亀をかたどったどら焼きにこだわりの餡がぎっしり。

龜どら 248円

埼玉県川越市仲町4-3　☎049-222-2052
営9:00〜18:00　休無休

2 醤遊王国 川越時の鐘店

醤油づくり100年の弓削多醤油が営むショップで販売されているおだんご。焼き立てなんて幸せ。

焼きたてだんご 1本150円

埼玉県川越市大手町14-5　☎049-298-4491
営10:00〜17:00　休火曜日

3 小江戸おさつ庵

川越といったら
サツマイモ!

川越名物のサツマイモを極薄にスライスしたパリパリのチップス。手が止まらない美味しさ。ディップの種類も豊富。

おさつチップ600円〜

埼玉県川越市幸町15-21　☎049-226-3297
営10:30〜16:30　日・祝日10:30〜17:30
休水曜日

4 新井武平商店 ヤマブ川越時の鐘店

香ばしく、程よい甘みのある秩父味噌のタレをまとった、黄金団子。ひと串にモチモチの大きなだんごが3個刺し。

黄金だんご 350円

埼玉県川越市幸町7-22　☎049-223-5156　営10:00〜17:00　休無休

5 菓匠右門 菓子屋横丁店

生地は山芋ともち粉を使用したモチモチ食感。サツマイモとつぶ餡が2層に詰まった素朴な味が美味しい。

いも恋 180円

埼玉県川越市元町2-11-3　☎049-222-4868　営10:00〜17:00　休無休

「菓子屋横丁」のあちこちの菓子店で売られている川越名物、大きい黒麩菓子「大黒柱」350円。

Gourmet Report

蔵造りが続く川越一番街を愛犬とぶらり食べ歩き

町を歩くだけでも楽しいですが、
ついつい買いたくなる美味しいものをご紹介!

「菓子屋横丁」には、
およそ30店舗の
お菓子・駄菓子がひしめく!!

川越名産の美味しいものいっぱい

案内も風情があるわん!

約390年もの間時を刻む「時の鐘」

1日4回、6時・12時・15時・18時に鳴る鐘の音に耳を澄まそう!

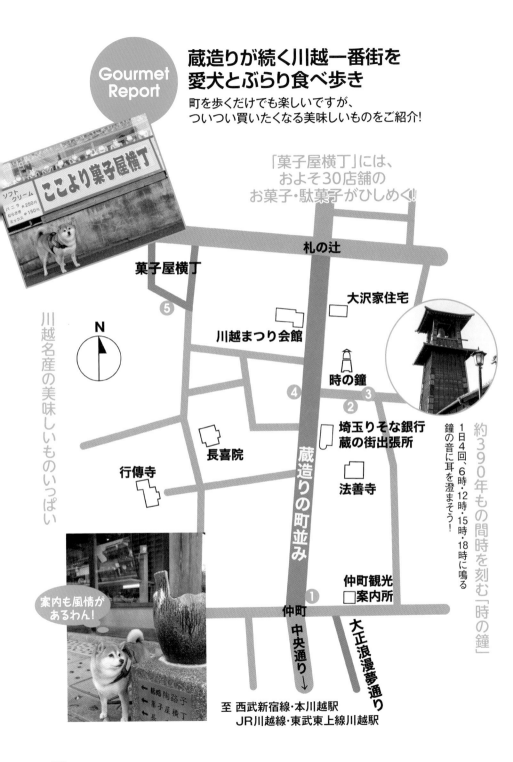

Live Happily with My Dog

わんちゃんの心の声をしっかり聞き取ろう②

愛犬の食習慣とストレス

愛犬と共に幸せに暮らすために「本当に知りたい情報」を紹介します。

整形外科をはじめ軟部外科、循環器科、呼吸器科、皮膚科、歯科、腫瘍科があり、最新医療とともに高度な専門的診療を幅広く提供している「ハートワン動物病院 総合医療ケアセンター」。病気や治療の症例を数多く診てきた獣医師、元田 剛先生に愛犬と幸せに暮らすためのアドバイスをうかがいました。

Food
おやつの適量と喜ぶ与え方

「フードやおやつをたくさん与えていないはずなのに、なぜか体重が増えていく一方なんです」という飼い主さんからの相談を多くいただきます。わんちゃんが太ってしまう原因は、運動不足や食べ過ぎ、去勢や避妊手術によるホルモン異常、循環器の疾患などさまざま考えられます。

喜ばせるためについおやつを与えてしまいがちではないでしょうか。おやつは一方的な甘やかしではなく、人と犬が円滑なコミュニケーションを図るための大事なツールでもあります。ただし、わんちゃんにとっては、何もしないでもらえるより、「お座り」や「待て」など何か指示を受けてから、ご褒美としておやつをもらえるほうが、満足度は高いもの。わんちゃんも人との意思の疎通を楽しんでいるのです。

おやつの量は犬が1日に必要とする総カロリーを守って適量を与えましょ

お話をうかがった先生

獣医師 **元田《げんだ》 剛《ごう》**

日々の診療や予防を大切に、動物たちと家族の気持ちに寄り添って、最善最良の治療法を提案。

ハートワン動物病院
総合医療ケアセンター
東京都豊島区上池袋4-10-8
☎03-3918-1122

う。わんちゃんは、1回のおやつより、もらえる回数が多いほうが喜びます。小型犬であれば1回の量は、人の小指の爪程度の大きさを。大型犬であれば、親指の爪程度の大きさが適量です。ペットフードは、各メーカーが記載している犬の理想体重に沿って、与える量をきちんと守ることが大切です。

Walk the Dog
散歩は楽しいこと！

散歩のときに、主食のドライフードをおやつとして与えるのもいいでしょう。たとえば、1日に食べるフード量の¼を散歩用のおやつに、残りの¾をごはんとして与えれば、適正体重を維持できるはずです。

散歩のタイミングは空腹時に出かけること。おやつありの散歩をすることで、1日に必要な摂取量をバランスよく上手にとることができて、運動にもなります。おやつをもらいながらの散歩は幸せな時間であり、わんちゃんに〝散歩は楽しい！〟ということを覚えてもらいましょう。

Stay at Home
留守番のストレスを減らそう

愛犬に留守番させて帰宅したら、ゴミ箱を漁っていたり、部屋を散らかしていたり、その光景に絶句したという経験もあることでしょう。飼い主がいない留守番中のわんちゃんは、寂しさで不安な気持ちになってしまい、ストレスを発散するためにいたずらをしてしまうのです。

留守番中にひとり遊びができれば、寂しさを感じず待つことができるようになります。おすすめは、新しいおもちゃやおやつを用意すること。

おもちゃは飽きさせないために数種類与えてあげて、楽しめるように置いておくことがポイント。フードは、定位置ではなく、あちこちに小分けにして置くことで、宝探しゲームになって、暇つぶしにもなります。

また出かける直前に「行ってくるね」「じゃあね」などの声かけや、かまいすぎはタブーです。飼い主が出かけてしまうという不安を助長させてしまうことになりかねません。

留守番中、家の中の物を壊したり、粗相をしたり、吠えているという場合は、分離不安の疑いがあるかもしれません。その場合はカメラを仕掛けて、様子を獣医師にご相談を。

また、分離不安でなくても、粗相が多い場合は、腎臓系の疾患の疑いが考えられます。原因と対処法を獣医師と一緒に考えて、わんちゃんのストレスを早めに解決してあげましょう。

PART 3
開放的な空感が気持ちいい！ 愛犬と絶景を満喫しよう

広い空やどこまでも続く緑……豊かな自然の絶景を見ると、
晴れやかな気持ちになるのはわんちゃんも同じです。
さあ、森や山や湖へ！　新鮮な空気を胸いっぱいに
吸い込みに行きましょう。

ハーブの魅力を大満喫！

Dog's MENU

ドッグランあり
休憩スペースあり
水飲み場あり
［園内カフェ］
（テラス席OK）
ハーブレストラン

店内OK　大型犬OK　要予約

ハウスガーデンだから、お天気の心配は無用。

Go Out 17　千葉県夷隅郡大多喜町

見て、触れて、味わって！至福のハーバルタイムを過ごそう

ちょっと足を伸ばして、美味しい空気を吸いに行こう。ハーブ畑をお散歩したり、
広々としたドッグランで走ったり……ここでの芳しい体験はわんちゃんの記憶に残るはず。

わんちゃんが一日中のびのびできる

大多喜ハーブガーデン

園内はウッド調で統一された気持ちがいい空間。爽やかな芳しい香りにわんちゃんもリラックス。

ハウスガーデンには、お散歩が楽しい小道がいっぱい。気に入ったハーブは、苗を購入できる。

わんちゃんが休憩できるテラス席や水飲み専用の水道なども設置されている整った環境。

香りから植物にアプローチ 意外な魅力に出合えるかも

房総半島の内陸部に位置する「大多喜ハーブガーデン」。東京からわずか1時間30分ほどの距離にありながら、都会の喧騒を忘れさせるのどかな雰囲気にホッと一息。しばらくいるだけで心からリフレッシュできる素敵な場所です。

ガラス張りのハウスガーデンは4500平方メートルを超える広さで、屋根付きだから季節や天候を問わずいつでも楽しめます。200種以上のハーブが育てられている中をわんちゃんとクンクン&ワクワクしながら探検！　その横には、ハーブカフェレストランやショップ、さらにドッグランもあります。愛犬とハーブの香りに包まれながら、一日中のびのびと過ごしてみませんか。

フレッシュハーブをふんだんに使った料理に大満足

ハーブレストラン

全200席あるオープンカフェテラス式レストラン。広々とした空間でいただく、自社農園産の味も香りも濃いフレッシュなハーブ料理は、元気が出る美味しさ。

テラス席OK　大型犬テラス席OK　テイクアウトOK

ローズマリーなチキンから揚げ590円。

つないでおけるから食事中も安心

テーブルの横に、リードフック付き。

多種多様なハーブにテンションアップ！

ハーブをたっぷり。農園風カレー1,100円。

バジルソースが美味。コイパジ 1,000円。

開放的な空間が気持ちいい！愛犬と絶景を満喫しよう

300坪の広いドッグラン！

小型犬と大型犬の２画区に分かれている。入場方法は、「魔女の実験室」で受け付けを。同意書を読んで記入し、お会計。入場券を受け取ったら、ドッグランにゴー。使用後は、受け付けに入場証の返却を忘れずに。料金：１匹300円。２匹目以降は１匹につき200円。＊水曜日はドッグラン無料サービスを実施。

材料は全粒粉とバターだけ。
わんこのおやつ264円。

新鮮な野菜や果物が揃うマルシェを覗いてみよう

月2回、こだわりのつくり手たちが集結する、「あつまんべ市」を開催。房総の新鮮な食材が揃う人気のマルシェ。食べ歩きもよし、おみやげ用の絶品フードを見つけるのもよし、ぜひ足を運んでみて。

ガーデンショップには手づくり食品がたくさん！

オリジナルのハーブティーやスパイス、エッセンシャルオイル、わんちゃん用のアロマグッズなど欲しいものがいっぱい。無添加のわんちゃん用おやつなども多数販売。ハーブの苗や種を購入して、育てるのも楽しみ。

無添加。犬用ジビエジャーキー700

ACCESS

千葉県夷隅郡大多喜町小土呂2423　☎0470-82-5331
●JR外房線「茂原」駅（南口）→小湊鉄道バスのりば1番イオン前市野々経由大多喜駅行き→「小土呂・ハーブアイランド前」。JR外房線「大原」駅下車→いすみ鉄道「大多喜」駅下車→タクシーで5分。(営)10：00〜17：00　(休)火曜日

Go Out 18 神奈川県鎌倉市

朝からサンセットまで 相棒と湘南のビーチライフを満喫

時を忘れてビーチでゆったり過ごして、エネルギーをチャージ。
心もカラダもお腹もハッピーになれる大満足な一日を堪能しよう。

シーズン問わずプチリゾート気分を味わえる

ZAIMOKU THE TERRACE（材木座テラス）

海ってやっぱり
サイコー!

水平線を眺めながら一日中、全力で遊ぼう！

わんちゃんを海や砂浜で遊ばせたいけれど汚れちゃうと帰りが大変になりそう。食後も海を眺めながらゆっくりしたいけれど、済んだら出ないと悪いかな？ などなど、海辺にまつわる気がかりを一掃するとっておきのスポットが、鎌倉・材木座海岸のオーシャンフロントに位置する「材木座テラス」。ここでは、愛犬と入店できるカフェ&バルをはじめ、ドッグサロン、ヨガスタジオ、サーフクラブまで揃っているので、朝から晩まで時間を気にせず、ビーチライフを心ゆくまで楽しめます。

次のページで詳しく紹介します。

いつまでも海を眺めていたくなる！

ACCESS

神奈川県鎌倉市材木座5-8-25
JR横須賀線・総武線・新宿湘南ライン・江ノ島電鉄線「鎌倉」（東口）駅から徒歩20分、江ノ島電鉄線「和田塚」駅から徒歩11分。
㊝各店舗に準じる　㊡無休

自然のエネルギーが届く“気”のいい場所

オーシャンビューの恵まれた絶好のロケーションで、遠くには逗子マリーナが一望できる。「材木座テラス」は、開放感を重視して設計された地下1階から3階の複合施設。わんちゃん連れにとてもナイスで、ハード面だけでなく、各店舗のドッグフレンドリーなホスピタリティが素晴らしい。海から届くエネルギーに、人も愛犬も気分上々！

魅了されるのは美味しいだけでなく楽しいから

ZAIMOKUZA SEASONS TABLE（ザイモクザ シーズンズ テーブル）

オレンジ色に染まる空とビーチのサンセットに心が癒やされる。

1階にあるカフェ&ダイニング「ザイモクザ シーズンズテーブル」。近くでヤシの木が海風になびいて気分はカリフォルニア。開放的なテラス席に、わんちゃんもリラックスできます。鳥料理やアメリカンフードを中心に提供。夕方になるとバルに海を愛するローカルたちが集まり、にぎわいます。手ぶらで楽しめるBBQコースもおすすめ（1名4400円 2名から〜、3日前までに要予約 時間限定）。

ラタテゥーユランチ ソフトドリンク付き
1,700円。

チキン南蛮ランチ
ソフトドリンク付き
1,810円。

DATA

1F ZAIMOKUZA SEASONS TABLE
☎0467-91-9216
㈴11:30〜21:00 土・日・祝日11:00〜21:00
㈭無休

愛犬との快適なビーチライフをサポート

DOG SALON On The Beach(ドッグ サロン オンザビーチ)

大型犬OK　一時預かりOK　要予約

サロンでは、無添加のおやつやビーチにぴったりなグッズなども販売。

開放的な空間が気持ちいい！愛犬と絶景を満喫しよう

1階にあるわんちゃん専用サロン&ホテル「ドッグ サロン オンザビーチ」。専門のスタッフが、わんちゃんの性格や体調の変化を読み取り、なるべくストレスがかからないよう、温かいホスピタリティで対応してくれます。海で思いっきり遊んでも、ここに立ち寄れば、さっぱりときれいになって帰れます。また、時間預かりもしてくれるので、犬の入れない場所への観光やアクティビティの際に利用すると便利です。

経験豊富なスタッフが揃っている。

夏におすすめ!
ビーチ スタイルカット。

DATA

1F　DOG SALON On The Beach

☎0467-55-5567(要予約)　㊖10:00〜18:00　㊡無休

愛犬と心がひとつになるドッグヨガ＆フィットネス

gypsea by HONEY（ジプシア バイ ハニー）

せっかくビーチに来たのなら、わんちゃんとフィジカルなことをしてみませんか。「ジプシア バイ ハニー」が開催する、ビーチで愛犬とフィットネスはいかが。愛犬をからだの上に乗せたり、抱っこしながらヨガやストレッチを行うことで、お互いの絆を深めることが目的。飼い主がリラックスしていると、その気持ちは愛犬にも伝わって、気持ちが安定するそう。海からの風がからだを押してくれる気分は最高です。

飼い主さん&愛犬
1匹で行います

不定期開催。開催の際は、インスタグラムで募集。参加費2,200円。

DATA

2F　gypsea by HONEY
☎0467-38-8231
㊒各クラスに準じる　㊡年末年始
*スタジオでヨガやフラも受講できるので、詳しい内容はHPで確認を。
Instagram @gypsea_by_honey_official

気軽にサーフィン&SUPが楽しめる

HONEY SURF CLUB(ハニー サーフ クラブ)

わたしはサロンに
いますよ～

開放的な空間が気持ちいい！ 愛犬と絶景を満喫しよう

海で砂だらけになってしまった愛犬には、ドッグサロンに行って、きれいになってもらいましょう。その間、アクティビティを楽しみませんか。「サーフィンをやってみたい」というあなたに提案！ 会員制の「ハニーサーフクラブ」は、ボードやウエットスーツのレンタルが可能で、清潔なシャワーやパウダールームも完備。初心者はスクールを受講することもできます。気軽にできるので、やってみる価値大！

メンバーはボードロッカーに24時間出し入れ可。

DATA

B1F　HONEY SURF CLUB

☎0467-84-9671

㊖7:00～20:00(冬季19:00)　㊡年末年始

＊入会金 11,000円 月会費 6,050円～

Go Out 19 神奈川県藤沢市

愛犬が喜ぶスペシャルな場所
食事も、買い物も、ランも一挙制覇

ビーチや公園ではしゃいだ後は、スイッチを切り替えて美味しいごはんを落ち着ける空間でどうぞ。また、屋上のドッグランのみの利用も可能なのでぜひ。この眺めは必見!

海と富士山が一望できるオーシャンビュー
DOG DEPT(ドッグデプト)湘南江ノ島店
大型犬OK
ショップ入店OK
店内OK
テラス席OK
犬用メニューあり
テイクアウトOK

Dog's MENU
ドッグランあり
人工芝
階段脇には
ゴムチップの
スロープあり

屋上ドッグラン利用料1,100円/匹、多頭飼いサービス2匹目から550円。

カフェ&ドッグラン両方楽しむのが正解!

湘南海岸公園の近くにある「ドッグデプト 湘南江ノ島店」。公園や海辺で遊んだ後は、愛犬と一緒にここでくつろぎませんか。カフェで、絶景のロケーションを眺めながらの食事は最高です。ここでは、ドッグメニューも充実。カロリー表記がされているので、健康的な食品を安心して注文できます。

ショップではわんちゃんの洋服からグッズ、子供服、大人の服まで取り揃えているので、特別な気持ちで選びたくなるアイテムがたくさん。さらに、注目なのが、海を感じながら利用できるドッグラン。なんと、店内で500円以上利用の場合、1階と屋上のドッグランが無料になります。ぜひ一緒に楽しんでみては。

1階の小型犬専用ドッグランは、店内を利用（5,500円以上）の場合に限り入場可。大型犬はリードを付けた状態であればOK。

ショップでは、愛犬とお揃いが楽しめる服も扱っている。

人気の「エゾ鹿キューブ」M880円、L1,320円。

店内でゆっくり食事が楽しめる。ルーフテラス席もおすすめ。

鶏肉と野菜の「ミートローフ」M770円、L1,210円。

Sサイズのお肉が4種のった贅沢な「わんこプレート」1,320円。

ACCESS

神奈川県藤沢市鵠沼海岸1-6-14　☎0466-31-3966
江ノ島電鉄線「湘南海浜公園」駅から徒歩10分、小田急江ノ島線「鵠沼海岸」駅から徒歩13分。㊟10:00～17:00（16:30 L.O）土・日・祝日10:00～18:00（17:30 L.O）（シーズンにより変動）㊡水曜日

*ドッグラン利用には登録を。1年以内に受けたことが証明できる狂犬病予防注射済票と三種以上の混合ワクチン予防接種証明書を提示。

Go Out 20 埼玉県飯能市

夢と冒険のプチツアー!
ファンタジックな世界へゴー

人間もわんちゃんも五感をフルに使ってその世界観にハマってみては。
さあ、愛犬を連れて気軽に行ける憧れの北欧へ繰り出そう!

ムーミンの暮らしに触れられるテーマパーク
MOOMINVALLEY PARK(ムーミンバレーパーク)

物語の世界へ飛び込め!

Dog's MENU

大型犬OK
リードフックあり
[園内カフェ]
(テラス席OK)
レットゥラ ラウンジ
ムーミン谷の食堂

ACCESS

埼玉県飯能市宮沢327-6 ☎0570-03-1066
●西武池袋線・Fライナー「飯能」駅(北口)からバスで13分。1番のりばより「メッツァ」行き直行バス運行。
㈫10:00～17:00 土・日・祝日10:00～18:00 ㈭無休

ショップ前やベンチに、一時的にわんちゃんをつないでおけるリードフックがあるのが便利。

ムーミンたちが描かれた本がウエルカムゲートになっている。入り口から期待が膨らむ。

夏はムーミンが泳いだり、釣りをするという、ムーミンパパが建てた「水浴び小屋」。

一家が住む「ムーミン屋敷」から、ムーミンがお出迎え。偶然出会えたらラッキー!

「レットゥラ ラウンジ」「ムーミン谷の食堂」のテラス席はわんちゃん入店OK。

売店も充実。絶対欲しい、
ペットフードボウル 2,420円～。

一家と仲間たちが暮らす ムーミン谷を覗いてみよう

国境を越えて愛されているムーミン。東京や横浜から約1時間40分ほどで行ける「ムーミンバレーパーク」は、ムーミン一家と仲間たちの暮らしに触れられるスポットです。愛犬と一緒に楽しめる園内は、広い湖と森に囲まれた美しい景観で、北欧を訪れたかのようです。ムーミンの世界観に浸れるフォトスポットがたくさんあり、ベンチの前にはカメラを載せる台などの配慮も。屋外で行われるショーは、芝生に座ってわんちゃんと楽しめたり、キャリーバッグやカートに乗せて顔出しをしないマナーを守れば、ショップに入店も可能です。（1デーパス大人前売販売3000円、通常販売3200円前売りチケット購入がおすすめ）

北欧スタイルを体感できるヒーリングスポット

metsä village（メッツァビレッジ）

Dog's MENU

大型犬OK

マーケット棟
（カート･ケースに
入れれば一部店舗OK）

［園内レストラン］
（テラス席OK）
ロバーツコーヒー
ハンバーグの時間
ワンモアバイト

野外貸し切りスペース（1組6名まで）。

北欧に流れているような のんびりとした時間を

〝北欧は幸福度が高い〟ことで知られています。その理由とは……。北欧の人々にとって自然は、幸福な人生を過ごすための大事なものであるという考え方があり、自然と共生してのんびりと、自らが心地よいと感じるライフスタイルを大切にしているからだそう。

自然の中で居心地のよい時間を提供する、日本で一番北欧を感じられる場所が「メッツァビレッジ」。ムーミンバレーパークと隣接する施設で、わんちゃんも大歓迎。湖畔公園のような敷地内を気の向くままに散策したり、テントでゴロゴロしたり、ボートに乗ったりと過ごし方はいろいろ。緑の中でのんびりと、幸せな時間を過ごしませんか。＊入場無料

開放的な空間が気持ちいい！ 愛犬と絶景を満喫しよう

森と湖の楽園だわん!

ぜひともわんちゃんとフローティング体験を!

「アイランドボートワンワン号」出発!

ボート40分 4,500円（大人最大6名） 1,000円/匹
※犬種・サイズに関わらず、最大2匹まで
※乗船可能数は、人・犬合わせて最大6まで

湖面を輝かせる宮沢湖が広がる。自然の匂いに、わんちゃんもリラックス。

クッション性のあるウッドチップが敷き詰められている。

ACCESS

埼玉県飯能市宮沢327-6　☎0570-03-1066
西武池袋線・Fライナー「飯能」駅（北口）からバスで13分。1番のりばより「メッツァ」行き直行バス運行。
㊥10:00～各施設に準じる（レストランは一部11:00～あり）　㊡不定休

Go Out 21 千葉県千葉市

駅近オアシスを散策 遠足気分で出かけよう!

子供の頃は、自然の中で見つける虫や鳥や花をとてもワンダフルに感じたもの。
そんな子供心に戻れる体験を、駅近で実現。わんちゃんと一緒にトキメキを探しに行こう!

秘密基地みたいでワクワクが止まらない!
椿森コムナ

イベントやワークショップなども開催しているのでHPをチェック!

春夏と秋冬は別の顔でもどちらもスペシャル!

リラックスできるのに、ワクワクする不思議な気持ちになれるのが、わんちゃん連れもウエルカムなカフェ&コミュニティスペース「椿森コムナ」。もともとあった樹々を生かしながら、廃屋や建築現場の残材などをリユースしてつくられた小さな森です。そんな、人にも環境にもやさしいつくりが心を素直に解放してくれるのかも。

森の中には、まるで絵本から飛び出してきたかのような2棟のツリーハウスがあります。春夏は樫の木にあるツリーハウスの下でグランピング、秋冬はイチョウの木にあるツリーハウスの紅葉を楽しんだり。結論、人と自然が仲よしな空間は、一年中楽しいとっておきの場所です!

開放的な空間が気持ちいい！愛犬と絶景を満喫しよう

常時あるキッチンカー「カフェ・バンビ」。

わんちゃんと休憩
できるドギーレスト。

食材と機材をすべて貸し出してくれる。
2,980円～/人。

特製バンズと手づくりパティが美味しい。ポテト・ソフトドリンク付き BANBIバーガーコンボ1,480円。

土・日限定
駅にTukTuk
の送迎あり！

ACCESS

千葉県千葉市中央区椿森1-21-23
JR総武線「千葉」駅（千葉公園口）から徒歩9分、
千葉都市モノレール「千葉公園」駅（1）から徒歩3分。
㊢月～土曜日・祝11：00～21：00（20：30 L.O）
日曜日7：00～18：00（17：30 L.O）　㊡不定休

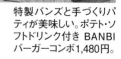

四季の自然にあふれている千葉のセントラルパーク!

千葉公園

ボタン・シャクヤク園では、6種・約200株を栽培。4月末から5月上旬が見頃。

わんちゃんと小道を巡って いろいろな花や鳥に出合おう

春の桜やバラ・夏のオオガハス・秋のイチョウなど表情を変える樹林や花々にあふれ、四季折々の美しさに心を打たれる「千葉公園」。周囲600メートルの「綿打池」には、1年を通じて約40種類の野鳥が訪れるそう。運がよければ、空飛ぶ宝石といわれるカワセミに出合えるかも。ソメイヨシノやシダレザクラが咲く頃は、お花見広場でピクニックを楽しんで。オオガハスは、例年6月上旬から開花が始まり、中旬から7月上旬がピーク。満開時は、約600輪が咲きこぼれるピンクの大輪を見ながらのお散歩は心が躍ります。

公園を利用する際はリードをしっかりつなげ、フンの持ち帰りのマナーを守り、ほかの来園者に配慮を。

黄金の
絨毯にも感動!

11月は黄金色に染まるイチョウの風景はロマンティック。

お花見広場と綿打池でさまざまな桜を楽しめる。

繁殖があるので
すぐ移動します

シベリアから南下して越冬するユリカモメ。出合えたらラッキー!

わんちゃんとお花が並ぶベストショットに挑戦!

桜が咲く頃になると、お花見広場の近くでは、ブドウの房のような紫の花を咲かせるムスカリも見頃に。桜のピンクとパープルの色合わせは感動的。フォトジェニックな自然が愛犬の笑顔に文字どおり花を添える。いっぱい写真を撮ろう！

ACCESS

千葉県千葉市中央区弁天3-1　☎043-279-8440
🚃JR総武線「千葉」駅（千葉公園口）、または（北口）から徒歩約10分、千葉都市モノレール「千葉公園」駅（1）から徒歩4分。常時開園（ボート、売店は月曜日定休）　㊡不定休

天空のパワースポット!
ワタシも山頂に
行くわん!

眼下に広がる芦ノ湖。＊箱根園から駒ケ岳山頂まで往復料金1,800円。

Go Out 22 神奈川県足柄下郡箱根町

目の覚めるような眺望
空中と船上をゴキゲン散歩!

箱根に来たら芦ノ湖がおすすめ。名峰をロープウェーで昇って雲の上のパワースポット巡りや遊覧船に乗って湖上から箱根の自然を楽しむなどなど、日帰りでも楽しめる箱根旅を紹介。

富士山を望める空中散歩で天空の社殿へ

箱根 駒ヶ岳ロープウェー

階段を上がっていくと、麓にある箱根神社の奥宮にあたる、箱根元宮が鎮座。

サンセットの時間には、夕陽に赤く染まる富士山や芦ノ湖が眺められることも。

便利なうれしい
サービス

小型犬までは、カートを無料で貸してくれる。小型犬の抱っこひもでの乗車は可能。

ACCESS

神奈川県足柄下郡箱根町元箱根139
☎0460-83-1151
●箱根登山鉄道「箱根湯本」駅からバスで「箱根園」まで65分、伊豆箱根バス「箱根園」行き1番のりば。JR東海道本線「小田原」駅（東口）からバスで「箱根園」まで80分、伊豆箱根バス「箱根園」行き5番のりば。
㊌9:00～16:30
（毎時00分、20分、40分の20分間隔で運行）
㊡不定休

心が洗われる！雄大な景色を楽しもう

箱根園から駒ケ岳山頂までを結ぶ「箱根 駒ヶ岳ロープウェー」は、わんちゃんもカートに入れれば一緒に乗車可能。昇っていきながら窓から見える約7分間の眺めは圧巻です。富士山をはじめ、芦ノ湖や相模湾、伊豆半島まで一望できる大パノラマが広がります。

山頂駅を降りるとそこは別世界。標高1327メートルの静寂で神々しい雰囲気が胸を打ちます。清らかな空気はわんちゃんも気持ちいいはず。山頂には展望台と広場があり、さらに8分ほど登った先にある、箱根元宮では、心願成就、縁結び、交通安全などを祈願できます。心が洗われる雲の上のパワースポットは、ぜひ愛犬と訪れてみたい場所です。

ここからしか見られない景色が心に残る

箱根 芦ノ湖遊覧船

船上から
眺めるって新鮮

甲板から見える箱根神社の「平和の鳥居」。水面に映る赤がきれい。

湖上をゆく遊覧船で気持ちよい風に吹かれよう

湖に浮かびゆっくりと進む遊覧船。その魅力は、違った視点から見る眺めです。湖を囲む樹々や緑は絵画のようで、鏡のような水面に映る景色は美しく、しかもスクリーンに映し出されるように変化するなんて、なかなかできない体験。箱根の自然を堪能する贅沢なひとときです。

愛犬とクルーズを楽しみたいなら「箱根 芦ノ湖遊覧船」。ケージやキャリーバッグに入れて顔を出さないルールを守って、一緒に乗船しましょう。船出したら3階・4階の展望甲板へ。リードをつないでおけば、湖の風を感じながらお散歩ができます。ボーン型にデザインされたわんちゃん専用乗船券は、愛犬との思い出に残ります。

4階に、視界360度の展望甲板がある「十国丸」。

3つの箱根の港を巡る 40分周遊コースを愛犬と満喫

航路は箱根園港発着で、箱根関所跡港、元箱根港を巡る。甲板が広いのが遊覧船の特徴。愛犬を歩かせる際にはほかのお客様に配慮を。＊往復料金 1,480円、1日フリー乗船料金 1,880円。運行時間は、時期により変更するためHPを要確認。

遊歩甲板や展望甲板に出て 船上写真を撮ろう

のんびりと芦ノ湖で過ごす場合は、1日フリー乗船券がおすすめ。途中で寄港する港で下りて散策し、再び乗船も可。船内ではキャリーバッグに入れて床置き、または膝の上に。広々とした椅子に座って、大きな窓越しに風景を楽しめる。

「はこね丸」。2階前方席からの眺めが◎。

わんちゃん専用乗船券
300円/1匹。

ACCESS

神奈川県足柄下郡箱根町元箱根138
☎0460-83-6265
JR東海道線「小田原」駅（東口）→伊豆箱根バス5番のりばから60分「箱根園港」。
㊒10:00〜16:00　㊡無休

Dog's MENU

ドッグランあり
大型犬OK
ボート利用不可
［園内カフェ］
（テラス席OK）
オカカフェ

広大な芝生に気分爽快！

4月上旬、「みんなの原っぱ」の奥にある「桜の園」では目の高さでソメイヨシノが楽しめる。

Go Out 23 東京都立川市・昭島市

自然のエネルギーに満ちた植物が美しい国営公園に行こう

広大な芝生の広場をはじめ、魅力的な森に水のゾーン……。花と緑がどこまでも続くスケール感にわんちゃんも気分晴れ晴れ。元気いっぱいに走りたくなるはず。

圧倒的な広さと手入れが行き届いた環境
昭和記念公園

4月中旬、「渓流広場」に咲き誇るチューリップと青い芝生のコントラストに感動。

もみじ橋の近くです

8月上旬、「ハーブの丘」に約2,000株が咲くミニひまわりサンフィニティの姿を目に焼き付けたい。

春はポピー、秋はコスモスの花畑に

公園内で一番大きな花畑、「花の丘」。大パノラマで咲く花々は目にするだけで幸せ!

何度訪れても飽きない素晴らしい環境

敷地面積は東京ドーム約39個分という東京とは思えないほど自然豊かな「昭和記念公園」。入園料はかかりますが、園内は非常にきれいに整備されており、気持ちよく過ごせる配慮がたくさんなされています。わんちゃんにもフレンドリーで、ドッグランは無料で利用することができます。小型犬、大型犬優先などエリアが分かれていて安心。ドッグランに慣れてないわんちゃんにはビギナーズエリアもあります。ほか、トイレの近くには、リードフックなども設置。とても1日では回りきれない広さなので、四季折々、植物それぞれが持つ情緒や風景を楽しみに何度も遊びに行きたい公園です。

＊入園料450円／大人

ボール遊びができる
エリアもあるよ

ドッグランは、5画区のエリアに分かれている。＊立川ゲートから徒歩1分。

入場がスムーズな「わんパス!」カードの登録がおすすめ

ドッグランに入るには、1年以内に接種した、三種以上の混合ワクチン予防接種証明書、狂犬病予防接種済証または注射済票（プレート）の提示が必要。「わんパス！」カードを申請（申込時に即日発行）すると、入園の際の、ペット同伴誓約書の記入やドッグラン利用時での各証明書の提示が免除されるので便利。

＊「わんパス！」登録料200円（発行日より1年間有効）

ドッグライフ
カウンセラーの
スタッフが在中

キラキラ輝く樹々が美しい「こもれびの丘」

木漏れ日にあふれた穏やかな雑木林は、小動物が生息する自然豊かな素晴らしい環境です。季節に応じて、約180種の山野草が開花。穏やかな空気感に包まれてのんびりと歩けば、わんちゃんも人も心が落ち着きます。秋は、紅葉した赤や黄金色に染まる景観も見どころです。

＊砂川ゲートから徒歩10分。

いろいろ食べ比べたいスイーツ風おやつパンも充実

OKA CAFE（オカカフェ）

2022年にオープンした、「みんなの原っぱ」の東側にある、ベーカリーカフェ「オカカフェ」。広大な原っぱを見渡しながら味わう食事は格別！＊砂川ゲートから徒歩13分

テラス席OK
大型犬テラス席OK
テイクアウトOK

テラス席は20席ほどあるよ

建築家、隈研吾氏がデザインを手がけた個性的な建物。温かみを感じる組木格子は“多摩産材”を使用。

公園オリジナル「オカブレンド」

公園の自然をイメージした特別なフレーバー!

ブレックファーストから軽食、おやつまで、いつでもカジュアルに食べられるのが魅力。パンは常に焼きたてが並べられる。

ACCESS

東京都立川市緑町3173　☎042-528-1751（管理センター）
立川ゲート/JR中央線「立川」駅（北口）から徒歩18分、砂川ゲート/西武拝島線「武蔵砂川」駅から徒歩20分、JR中央線「立川」駅（北口）からバスで15分。バス2番のりば「昭和記念公園砂川口」から徒歩2分。西立川ゲート/JR青梅線「西立川」駅（公園口）から徒歩2分。
㋴有料区9:30～17:00 ＊季節によって開閉時間変更　㊡年末年始、1月の第4月曜・火曜日
オカカフェ　㋴10:30～16:30 ＊季節によって開閉時間変更　㊡6～8月、12～2月の火曜日

わんちゃんの心の声をしっかり聞き取ろう③

愛犬の健康を守るしつけと心がけ

いち早く愛犬のからだの不調や老化に気づいてあげましょう。

Body Handling
からだを触らせるしつけを

歯磨きやブラッシング、耳・目の周りや、肉球の掃除など、日常的にわんちゃんのからだを触らなければいけない状況はたくさんあります。

また、動物病院での診察やトリミング時に、噛みついたり、うなったり、抵抗してからだを触らせないと、診断やお手入れができなくなります。からだのどこを触られても嫌がらず、じっとしていられることができるというのは、犬の健康を保つために必要なしつけです。

そのためには、リラックスできる環境でしつけをすることです。最初は、わんちゃんが美味しいと感じるおやつを与えるのがポイント。大好きなおやつを与えながらからだをやさしくなでることで、人間の手で触れられることへの恐怖心をなくしていきましょう。

なで方は、まずわんちゃんが嫌がらない背中や頭をなでて、じっとしていたら褒めてあげてご褒美のおやつを与えます。同様に、背中や頭、脇腹などもまんべんなくなでてあげましょう。次に、わんちゃんが嫌がる耳や足先、口周りをやさしくなでましょう。続けることによって、「触られているときにじっとしていると、美味しいものをくれる」という考えがわんちゃんにインプットされます。

慣れてきたら、肥満にならないよ

お話をうかがった先生

獣医師 元《げん》田《だ》 剛《ごう》

日々の診療や予防を大切に、動物たちと家族の気持ちに寄り添って、最善最良の治療法を提案。

ハートワン動物病院
総合医療ケアセンター
東京都豊島区
上池袋4-10-8
☎03-3918-1122

うにご褒美のおやつは、減らしていきましょう。ただし、ゼロにすることはおすすめしません。もし、仕事をして給料がもらえないなんてことがあったらがっかりしますよね。その気持ちはわんちゃんも同じです。

動物病院では、耳や口の中を診たり、爪切りをするときに足先を触ったりするのは診察に必要な行為です。

からだを触らせることは、病気の早期発見にもつながるだけではなく、わんちゃんと飼い主との絆を深めます。信頼関係を築くうえでも重要なスキンシップでもあるのです。

senior dog
老化を遅らせる心得

犬も歳をとるとからだにさまざまな変化が生じ始めます。老いるスピードは犬種によって差はありますが、一般的な目安として11歳ぐらいから歩き方や排泄の失敗、夜鳴きなどからだの機能の減退、さらに脳の衰えである認知症が始まる場合があります。愛犬が示す老化のサインの兆候に気づいてあげることが何よりも大切。いち早く発見して対処をすることは、老化をなるべく遅らせることにもつながります。

足腰が弱って、散歩に行きたがらないわんちゃんには、散歩の時間を短くしたり、抱っこやカートに入れて外の空気に触れさせてあげるだけでも脳の刺激になります。そして、飼い主の心に重くのしかかるのが夜鳴き。その原因として挙げられるのは、昼間に寝過ぎていることです。日中の睡眠時間を減らし、知育トイや新しいおもちゃを与えて遊んであげることで、脳を活性しましょう。

認知症に伴う問題行動のなかで最も見受けられるのが、トイレの失敗。高齢犬になると、感覚機能も低下するため、若い頃のように溜めておくことができません。飼い主の心得として大事なのは、老犬のトイレの失敗は当たり前という意識を持ち、決して叱らないこと。叱っても上手にできるわけではなく、かえってわんちゃんにストレスを与えるだけです。排泄ができたら、褒めてあげることが鉄則。排泄の兆候が見られたら、トイレに連れて行くことで、失敗することもなくなります。

数多くの症例により、ＤＨＡやＥＰＡといったオメガ3脂肪酸は健康増進に働きかける栄養素であることが分かっています。10歳ごろから、オメガ3脂肪酸が含まれているサプリメントをわんちゃんに与えることをおすすめします。愛犬がシニアになったタイミングで予防に取り組んでいきましょう。

愛犬と一緒に行きたい

食べたい場所がすぐわかる♪

遊びたい

INDEX

わざわざ行きたいこだわりのお店&スポット

本書掲載の情報をジャンルごとに一覧できる便利なインデックスです。
行きたいところをチェックして、プランづくりにご利用ください。

遊び場

短所は長所! byママ♥
さあ、どっからでもかかって来い!

表紙に登場してくれました!
犬種・名前:柴犬・石の丸君
長所であり短所:甘え上手
ごはんより、おもちゃが大好き。噛んだおもちゃは離さない。自分の好きな人にはお尻を触って欲しい。

ロケでいっぱい歩いてカロリー消費!

SPECIAL THANKS
本書の制作にづくりに協力してくれた
モデルわんこたち♥

おでかけだいしゅき

ロケハンから参加してくれました!
犬種・名前:豆柴・たららちゃん
長所であり短所:抱っこ大好き
ぽっちゃりに見えるけどそれはアンダーコートと主張して、いつも人が美味しいものを食べてないか監視。

人力車にも乗ってくれました!
犬種・名前:豆柴・菜々ちゃん
長所であり短所:ボール投げが永遠
社交的でとってもフレンドリー。小顔でスタイル抜群なスリムビューティ柴。若い人より、おじいちゃんが好き。

レストラン・カフェ

神社・仏閣

ストリート

乗りもの

スタジオ・サロン・スポーツ

鎌倉に来たら、美味しいビールはココ!
バナバサ
神奈川県鎌倉市御成町2-9-1B
鎌倉駅西口から徒歩2分
㊟12:00～20:00　日曜日18:00まで
https://www.instagram.com/vanavasa_kamakura/

お買い物

決めポーズが上手だった!
犬種・名前:シーズー・フィービィーちゃん
長所であり短所:小食
偏食で夕ご飯は4種欲しいグルメちゃん。「ねんねだよー」というと、真っ先にパパの寝室に行くのが人間っぽい。

カフェに行くのがルーティン!
犬種・名前:ダックスフンド・トト君
長所であり短所:いつでも食欲旺盛
ケンカの仲裁から、スケートボードの飛ばし屋に注意勧告までする世話好きわんこ。バリ生まれの東京育ち。

● 企画・編集　　　スタジオパラム

● Director　　　清水信次
● Editor & Writer　　　島田みさ
小林美紀
小田慎一
島上絹子
● Camera　　　村井貴子
● Design　　　スタジオパラム
● Special Thanks
山口秀子、上保淳子、Rica Gold、Kenny Gold、
広田聡、石橋一、石橋康江、石橋仁美

東京近郊 愛犬と楽しむ とっておきのおでかけスポット案内

2023年4月10日　第1版・第1刷発行

著　者　愛犬とおでかけ編集室（あいけんとおでかけへんしゅうしつ）
発行者　株式会社メイツユニバーサルコンテンツ
代表者　大羽　孝志
〒102-0093 東京都千代田区平河町一丁目1-8
印　刷　株式会社厚徳社

ご意見・ご感想はホームページから承っております。
ウェブサイト　https://www.mates-publishing.co.jp/

編集長：堀明研斗　企画担当：小此木千恵